決定版

あたりまえだけど
なかなかできない

仕事のルール

THE RULE OF WORKS

浜口直太
HAMAGUCHI NAOTA

まえがき

「え！　こんなことも知らないの！」「はあ？　何でこんなことしちゃったの？」

あまりに常識外れの部下の行動に、驚きと恐怖と怒りを隠し切れず、叫ぶ上司。

「はあ……」「あの……何か？」「すみません……」

なぜこんなことが問題になるのかわけがわからず、ひたすら不思議そうに黙り込む部下。

これがこの本を書くきっかけとなりました。

経営コンサルタントを本業としていた頃、様々な顧問先（クライアント企業）の現場で、このようなシチュエーションによく出くわしました。

他人事では済まされません。社長経験者と将来社長になるための修行として働いてくれているプロフェッショナルメンバーで構成されているはずの当時の当社（国際経営・ベンチャーコンサルティング会社）でも、同じようなことが起きていました。

「あれ、こんなだったかなあ？　僕が新人の頃は、もっと気を遣っていたけどな……」

ついつい自分自身が新入社員だった頃を振り返っていました。

皆さんも上司として、或いは部下として、毎日同じような場面に遭遇していませんか？　なぜこんなことが起きるのでしょう？　世の中にはあたりまえの仕事のルールがあり、そのルールを知らなさ過ぎるか、知っていても守られていないから。

私は小さい頃からお世辞にも勉強ができたことはありませんでした。しかし、社会に出てからは、こと仕事となると、勉強ができない分、自分なりに努力して気遣いを徹底し、工夫してきました。そうしないとクビになったり、仕事が貰えなかったりするのです。

ここで紹介しましたルールは、私の40年以上の国内外での経験を基に国際的スタンダードとして、どこでも通用するであろうルールであり、常識でしょう。逆にここに紹介するルールが守られてない場合、あなたは職場で問題児になっている可能性大です。ぜひこれらのルールを守れるよう、自分なりにチャレンジしてみて下さい。周りからの評価は確実に上がることでしょう。

浜口　直太

もくじ

まえがき……002
ルール01 聞くタイミングに気をつけよう……012
ルール02 「できません」「不可能です」「無理です」は禁句……014
ルール03 挨拶は相手の前まで行き、目を見て元気良く行おう……016
ルール04 出退社時は皆に元気に挨拶しよう……018
ルール05 お客様には元気良く丁寧に挨拶し、誠意を持って応対しよう……020
ルール06 人に不快感を与えない身だしなみや服装を心掛けよう……022
ルール07 名刺はいつも持ち歩き切らさないようにしよう……024
ルール08 たまにはノミニケーションでもして本音で語り合おう……026
ルール09 礼状はメールやSNSではなく手紙を書こう……028
ルール10 会社の経費削減に気を遣おう……030
ルール11 使わないものはためないでその都度捨てよう……032
ルール12 アイディアや注意点が浮かんだらすぐ書き留めておこう……034
ルール13 周りの人からどんどん教えを請おう……036

ルール14 まず、やってみよう……038
ルール15 自分のイメージ作りを大切に……040
ルール16 商品やサービスを売るのではなく、自分を売ろう……042
ルール17 職場で甘えたり、甘えた話し方をするのはやめよう……044
ルール18 絶えず会社への貢献度を考えて行動しよう……046
ルール19 わからないことがあったらすぐ聞いたり復唱したりしよう……048
ルール20 言葉の省略はやめよう……050
ルール21 ギブ・アンド・ギブ・アンド・ギブでいこう……052
ルール22 常に周りの人に感謝の意を表そう……054
ルール23 絶えず人を励まそう……056
ルール24 周りの人のいいところだけを盗もう……058
ルール25 嫌なことを誰よりも率先してやろう……060
ルール26 姿勢良く座ろう……062
ルール27 職場は人生大学……064

ルール28 どんな時でも嫌な顔はしないようにしよう……066
ルール29 何でもいいからワクワクすることをしよう……068
ルール30 何でもいいからリーダーを務めよう……070
ルール31 毎日おおいに挫折しよう……072
ルール32 本を読んで知恵と運をつけよう……074
ルール33 お金（報酬）を追えばお金で滅びる……076
ルール34 どんな時でも言い訳をしないようにしよう……078
ルール35 一度注意されたら二度と同じことを言われないようにしよう……080
ルール36 約束の時間より5分早く行こう……082
ルール37 人の相談に乗ろう……084
ルール38 毎日語学を5分楽しく学ぼう……086
ルール39 言う前に言っていいかどうかまず考えよう……088
ルール40 セミナーやイベントに出まくろう……090
ルール41 毎朝経済紙を読もう……092

ルール42 いつも前向きなジョークを 094
ルール43 頼まれたことはすぐやろう 096
ルール44 言葉ではなく行動と結果で判断 098
ルール45 誰に対しても平等に 100
ルール46 部下を助けよう 102
ルール47 いつも笑顔で 104
ルール48 定期的に企画書や提案書を上司に出そう 106
ルール49 おごってもらったら、おごり返そう 108
ルール50 メモ魔になろう 110
ルール51 自然体で背伸びしよう 112
ルール52 プロとしての意識を持って仕事をしよう 114
ルール53 言われる前に自分から率先してやろう 116
ルール54 人に変わってもらいたければ、まずは自分が変わろう 118
ルール55 まず相手の意見を聞こう 120

ルール56 会いたい人にはどんどん会おう……122
ルール57 発言は短くポイントをついて……124
ルール58 まず整理整頓から……126
ルール59 まず何のためにやるのか考えよう……128
ルール60 前向きに生きている人とのネットワークを広げよう……130
ルール61 電話対応能力を高めよう……132
ルール62 電話に出られない場合は「接客中」と伝えてもらおう……134
ルール63 仕事を楽しめる自分なりの方法を見つけよう……136
ルール64 何事にも、誠実に対応しよう……138
ルール65 先輩に敬意を払おう……140
ルール66 毎日、To Do Listを作ろう……142
ルール67 他人と比較しない……144
ルール68 決断は素早く……146
ルール69 電車・エレベーター内や他人の前では電話しない……148

ルール70 締め切りや約束は絶対に守る……150
ルール71 感動したことを話そう……152
ルール72 夢を持って思い続けよう……154
ルール73 返事はその日のうちに……156
ルール74 出会いを大切に……158
ルール75 経済力より信用力を……160
ルール76 ピンチをチャンスに……162
ルール77 好きな本を読みまくろう……164
ルール78 書類やデータのファイリングは即座にしよう……166
ルール79 コピーする時は、誰が何のために使うかを考えて……168
ルール80 ベンチャー人間を目指そう……170
ルール81 毎日、小さな成功体験を積み重ねよう……172
ルール82 まず、目の前にあることに全力で当たろう……174
ルール83 聞く前にまず自分で答えを出してみよう……176

ルール84 できる人の言動から学ぼう……178
ルール85 電話やメールは短くポイントをついた内容を……180
ルール86 会議では脱線させるような話・質問はやめよう……182
ルール87 会議中、相手から書類を渡されたらまず上司に見せよう……184
ルール88 仕事は全力で緻密に、結果は楽天的か前向きに……186
ルール89 業務日報は事務的な作業にせず反省に使おう……188
ルール90 尊敬語と謙譲語を峻別しよう……190
ルール91 まず結論から言おう……192
ルール92 間違えたら謙虚に認めよう……194
ルール93 行き詰まったら書いて思いをまとめよう……196
ルール94 批判や評論している暇があれば自分を磨こう……198
ルール95 意見や提案に反対する時は、明確な理由と代替案を出そう……200
ルール96 疲れたら無理に続けないで休憩しよう……202
ルール97 人に頼む時は、具体的な指示を出そう……204

ルール98 作業は終了の時間を逆算し、ダラダラせずに進めよう……206
ルール99 就業・会議中は携帯電話をマナーモードに設定しよう……208
ルール100 会議の時は上司より先に行って待とう……210
ルール101 アフターコロナの働き方……212
ルール102 オンライン会議でのマナー……214
ルール103 テレワークで成果を出す方法……216
ルール104 デジタルトランスフォーメーション（DX）による仕事改革……218
ルール105 出世に必須な先見性の養い方……220
ルール106 SNS活用度で結果が大きく変わる……222
ルール107 ITリテラシーを高めなければ生き残れない……224
ルール108 デジタル社会だからこそメール・SNSと対話の使い分けを……226
ルール109 SDGsとESGを意識した仕事術を……228
ルール110 5分刻みで仕事する習慣を……230
あとがき……232

ルール
01
聞くタイミングに気をつけよう

「ただ今……。ああ大変だ！　常務との打ち合わせにかなり遅れてる……」
「課長、お帰りなさい！　先日お渡しした○○物産への提案書の件ですが、２ページ目の内容が間違っていまして……」
「おい、ちょっと待て！　私は常務を30分以上待たせているんだぞ！　そんなことで今時間を取らせないでくれよ！」

仕事で一生懸命になるあまり、忙しい上司の都合も考えず、帰社直後につかまえて一方的に質問。これでは上司も怒りますよね。

大体上司は、部下にはわからない多くの仕事や責任を抱えています。それらには期日があり、部下の何倍ものプレッシャーとストレスを毎日感じているもの。気配りのない部下とはだんだん話すのも顔を合わせるのも嫌になってきます。

逆に気配りのある部下の存在は有難いもの。私は日本の大学を卒業後、国際会計・経営コンサルティング会社のニューヨーク本社に入社した際、先輩にこのことを叩き込まれました。

「上司と話す時はタイミングに気をつけなさい。タイミングを間違えると仕事の邪魔をするだけでなく、あなたへの評価も悪くなり嫌われるから」と。

それから、上司のみならず先輩や同僚にも、**今相手が何をしているのか、またすぐに何かをしなければならない状況なのかを確認**し、大丈夫そうであれば、更に**「今話しかけてもよろしいでしょうか」と前置きして話しかける**ようにしました。

そのちょっとした気配りを習慣化させたお陰で、それまでとは違い、職場での人間関係は実に円滑なものとなりました。はっきりと忠告してくれた先輩には本当に感謝しています。

最近はそういうことを気にして指摘してくれる先輩や上司も少なくなったようです。指摘しない理由を聞いてみたら、注意してもわからないか、直らないので無駄だとのこと。また、逆恨みされたくないということもあるようですが。

上司や先輩が言うことをよく聞き素直に実行しないと損しますね！

ルール

02 「できません」「不可能です」「無理です」は禁句

入社半年の新人に上司が言いました。

「Aさん、これ新企画だけどやってくれる?」

「チーフ、すみませんができません! 新人の私には、とてもそんな力ありません」

また違う場面では。

「Bさん、先日頼んだ提案書、急に必要になったから、今日中に出してくれる?」

「はあ……。不可能です。先輩、そもそも来週でいいって言ってたじゃないですか! まず調査に3日はかかりますから……」

こんな場面もあります。

「Cさん、明後日のプレゼン、あなたがやってくれる? 初めてだと思うけど、いい経験になるからぜひチャレンジしてみてよ!」

「無理です！　話下手ですし、いきなりだと……。大事なお客様の前で失敗して会社にご迷惑をおかけしたくないですから勘弁して下さい……」

情けなくないですか、こんな発言をする社員が皆さんの周りにいたら。

伸びる人、成果を出す人は、何事にもまずチャレンジします。「できません」「不可能です」「無理です」とは決して言いません。そして、できなかった時、初めて助言や応援を求めてきます。

ごく簡単なことを除き、最初からチャレンジ精神を持たずにできる仕事などありません。また、初めからできるとわかっていることをやっても力は付きません。つまらないので要領よく手抜きをすることを覚えるだけ。そうなると人間として成長できません。

皆さんの周りでも、できることしかしない人がいると思いますが、その人達は成長していますか？

まず自分から志願してでも、難しそうな仕事にチャレンジしてみて下さい。最低でも頼まれたらとにかくやってみて下さい。やり始めたら意外と簡単にできたりしますよ！

ルール

03

挨拶は相手の前まで行き、目を見て元気良く行おう

「あれ？　挨拶もしないでさっさと行ってしまった！　嫌なやつだ！」「はぁ？　挨拶もしないよ！　あいつなんかあったのかなあ……」

こんな経験ありませんか？

挨拶は、相手の存在を認識し受け入れ、敬意を払う人間だけができる最初の大切な行為であり、コミュニケーションの一つです。挨拶をしなければ、相手は少なくとも次のようなことを考えるでしょう。

一つ目に、そもそも自分のことを嫌っているのでできるだけコミュニケーションを取りたくない。二つ目に、挨拶できないくらい元気がない。三つ目に、挨拶なんてどうでもいいと思っている。

いずれにしても相手に与える不快感は大きいでしょう。その相手が会社の上司・同僚・

部下、更にお客様だったらどうでしょう。どのような理由であれ、きちんと挨拶できなければ、相手はあなたのことを「基礎的なマナーができていない無礼な人間」「基本的なコミュニケーションのできない協調性のない人」という評価をします。

あなたは相手にとって嫌な存在となっていきます。他のことで一生懸命努力しても、挨拶がきちんとできなければ、社会人として評価されないのです。

仕事で大事なのは、どれだけ自分に好意を持ってくれる人、応援してくれる人を増やせるかです。いったん仕事を始めると、普段はなかなか心が触れ合えない相手が多いことでしょう。**挨拶は一瞬の行為ですが、心の触れ合いをする最大のチャンスであり、相手との距離を少なくする最も効果的なコミュニケーション手段です。**挨拶によって相手を気持ち良くすることで、相手も挨拶を返すことで、あなたを気持ち良くしてくれます。

どうせ挨拶するなら、効果的にしてみませんか。**挨拶の仕方で最も丁寧なのは、相手の目の前まで行き、目を見て元気よく行うこと。**これは形式的な挨拶と違い、心が入っていないとできません。また、そこまでする挨拶は、勇気と努力とエネルギーが必要です。相手は無意識のうちにあなたのその行為を嬉しく思い評価し、一瞬のうちにあなたのファンになることでしょう。

ルール

04

出退社時は皆に元気に挨拶しよう

次は退社時でよく見る光景ではないですか。

「誰か新入社員のAさん知らない？　さっきまでここに座ってたんだけど……　もう帰っちゃったのかなあ？　一言の挨拶もなしで……」「ああ！　やっと携帯（電話）繋がった！おい、A！　お前（上司に）挨拶もしないで、いつ退社したんだ？」

ただこれは、新人に限ったことではありませんね。ベテランでもよくあります。

「急に主任がいなくなってしまったのですが、今日中に終わらせるように言われていて……。いくつかわからないことがあるので聞けなくて困っています。携帯に電話しても繋がらないし……。課長、どうしましょう？」

退社時だけではなく、出社時にもこういうことは起こります。

「Bさん、連絡ないけど今朝は遅刻かなあ？」「主任、彼女もう来てます。ただ、今トイレかどこかに行っていると思いますが……」「え！　困るなあ……。もうすぐ来客があるから朝礼早く終わらせたいのに……。出社したら挨拶くらいはしてもらいたいなあ」

組織で評価される基本的かつ最も大切なポイントの一つに、**どれだけ誠実かつ親切な言動ができるか**があります。右記の行動はいかに自分勝手に動いているかを象徴していきます。これでは、「私は自分勝手で周りの人の都合は関係ありません！」と言っているのも同然。

評価どころか、組織において問題児扱いされるのは時間の問題でしょう。

また、ただ知らせたり挨拶したりすれば済むということでもありません。誠実な気持ちが大切。少しでも「組織のためにお手伝いしたい、チームの一員として受け入れられ、役に立ちたい」というやる気と奉仕の精神があるならば、ぼそぼそとでなく、**元気よくハツラツと出退社に挨拶をしてみて下さい。**周りがあなたのことを見直すでしょう！

先日、大手金融機関の社長が教えてくれました。1人の若い元気な女性社員が社内でも有名な暗い部署に配属になりましたが、その部署が短期間で社内有数の明るい部署になって驚嘆されたことを。

どの会社も伸びている社員は例外なく出退社時の挨拶が素晴らしいのです。

ルール

05

お客様には元気良く丁寧に挨拶し、誠意を持って応対しよう

あたりまえ中のあたりまえ。でも、驚くことに多くの人が理屈ではわかっているため義務的・事務的に行っています。最も大切である心が伴っていません。

米国で経営コンサルティング会社を経営していた時、「顧客が購入に際して最も評価することは何か」についてアンケートをしたことがありました。そのナンバーワン評価項目が、**「元気良く丁寧に挨拶し、誠意を持って対応してくれる」**ことでした。商品・サービスに関する専門知識でも、商品力でもなかったのです。

ただこれは理解できます。コンビニエンスストアでも、近くにいくつかあれば、店員さんが元気良く丁寧に挨拶してくれたり、誠意があったりするところに行くのは人間として自然ですよね。

面白いことにこれは基本的なことなので、気配りのできる人は若くても教わらなくても

自然にできています。そういう人は根っから人に尽くすことが好きで、人が喜ぶことをすることが好きな人。残念ながら、その種の人はめったにいません。ですので、周りの人が教えるか、それが苦手な人は自ら率先して学んでいくしかありません。

やろうとして簡単にできることではありません。多くの人は見よう見まねで行動はしてみます。が、心構えがなかなかできません。

米国でコンサルティング会社に勤めていた際、接客のプロである上司がいました。当時彼はまだ40歳でしたが、彼が行くとなかなか契約がとれない会社まで一発でクライアント（顧客）にしてしまいます。私は彼の営業のノウハウを盗むべく、できるだけカバン持ちとして一緒に営業に連れて行ってもらいました。

それでわかりました。彼にとってクライアント候補は「一目惚れした彼女候補」。「彼女になってもらうために、喜んでもらえること、好きになってもらえることなら、できるだけのことをする」と言っていました。

その中で最も大事なこととして、元気良く挨拶することと、いつでも面倒くさがらず誠意を持って応対することを挙げていました。

ビジネスの世界で最も強い人は、お客様に好かれ味方にした人ではないでしょうか！

ルール

06

人に不快感を与えない身だしなみや服装を心掛けよう

ビジネスの世界において第一印象ほど大事なことも少ないでしょう。相手が超多忙であったり実力者であったりすればなおさらです。もう二度とお会いできなくなることも往々にしてあります。勝負は最初にお会いする時。

そんな中で、**第一印象ですべてが決まるということもよくあること。**人間としての中身はそう簡単に変えられませんが、服装や身だしなみだけは相手に好印象を与えるよう気をつけたいものです。

著名人や実力者など忙しい人は、ほとんどの場合、第一印象でその人とまた会うか、さらにお付き合いするかを無意識のうちに決めています。

どんなに容姿が良くても、また偉くても、身だしなみや服装で相手に不快感を与える人は、本物の人から相手にされないでしょう。せっかくお会いするのですから、自分中心の身だしなみや服装をせず、できるだけ好印象を持ってもらえるよう気を遣うのは、相手を敬うマナーとしてあたりまえのこと。

よく自己アピールのために、偉い人や若い人はユニークな格好で現れることがありますよね。芸能界や工場等で働いている特殊な職業のため、職場から直行しなければならないなどの例外は除き、できるだけお会いする相手が気を遣わない、また安心できるような身だしなみや服装を心掛けたいものです。

また初めてお会いする人のみならず、**毎日のように通う職場でも、周りの人が不快になるような身だしなみや服装は避けるべきです。**それだけで、あなたの評価は落ちてしまうので。場合によっては、意地悪をされたり、皆から非難されたり笑われたりもします。

「服装の乱れは、心の乱れ」。初めて聞いた時に、なるほどと思いました。

もし、「会う人や周りの人に不快感を与えていない」という自信がなければ、素直に人に聞いてみたらどうでしょう。米国でも、超ミニスカートを職場にはいて来ていた秘書、ヨレヨレのスーツを着て来た新卒の男性社員、中途採用でお風呂にほとんど入らないので強烈な悪臭を放っていた上司などは、ほとんどの人から嫌われていきました。ちょっとした気配りで評価は大きく変わります。

ルール

07

名刺はいつも持ち歩き切らさないようにしよう

「あっ、名刺を忘れました……」様々な会社で若い社員さんのこんな声をよく聞きます。

私が新入社員だった頃は上司から厳しく言われました。

「ビジネスに生きる人間にとって名刺は命だ。武士にとっての刀と同じだ！　もしこちらが忘れて相手が持っていたら、勝負ありだ！」と。

ですので何があっても名刺だけは切らさないよう絶えずチェックし、持ち歩こうと細心の注意を払っていました。

ところが、最近は名刺を忘れる人の多いこと多いこと！　驚くのは、忘れても目上の相手の名刺をもらってケロッとしています。我々は場の雰囲気で恥ずかしい、情けないと思いましたが、最近は忘れた本人も悪びれた様子もなく「忘れちゃった。朝から忙しくてバタバタしてたからしょうがない」で済ましています。

先日もある会社の営業部に配属になった新入社員が名刺を忘れ、会社の上司に叱られていました。

「お前、営業職でありながら名刺を忘れるとは何事か！　お客様に謝りなさい！　会社に帰ったらすぐに名刺を頂いたお客様にお前の名刺を送りなさい。いいか！」

厳しい上司のお陰で、私は新卒で就職してからただの一度も名刺を忘れたことはありません。頻繁に忘れる社員さんを見ると理解できなくなります。

いかなる理由があろうとも、自分が名刺を渡したにもかかわらず、相手から名刺がもらえないと気まずいですね。名刺を頂けないとお付き合いを拒否された思いになるのは私だけではないと思います。

近頃は「たまたま今名刺切らしてます」と堂々と偉そうに言う年配の人も増えているようです。

悪気はなくても相手に「付き合う気がないから名刺を渡さないいつもりだな」と嫌な思いにさせないためにも、名刺は切らさずいつも持ち歩くようにしましょう。

ルール

08 たまにはノミニケーションでもして本音で語り合おう

「皆、仕事もボチボチ切り上げて、今夜はこれから飲みにでも行こうか！」

「課長、僕、今日行けません……」

「何で？　何か用でもあるのか？」

「ちょっと……」

「せっかく皆いるし、ちょっとぐらいならいいだろう」

「既に予定があるので……」

こんな会話、職場でよく聞きませんか。

近頃若手社員はあまり上司や先輩と食事や飲みに行きたがりません。仕事は就業時間内でやることで、就業時間外はプライベートな時間。なので習い事に行ったり、デートしたりで、趣味や仕事でのストレス発散等で時間を使いたがります。

確かに明日への活力を見い出すために、就業時間外となるアフターファイブは、個人的なことに時間を使いたい気持ちはよくわかります。基本的にはそうすべきでしょう。

ただし**就業時間では忙しくてなかなか質問できないことや、本音で語れないことが多々あります。**ですので食べながら、また飲みながらお互いリラックスした状態で、本音で語る場を努力して作る人とそうでない人とでは、仕事においても大きく差がつくことでしょう。そもそもそのような場を設けてくれることにまず感謝しましょう！

正にその小さな気配りが勝ち組と負け組を分ける岐路になります。

真剣に仕事に取り組めば取り組むほど、人間関係を構築する大切さがわかってきます。ですので本音で語れる時間を作ろうとするのです。

昔、「ノミニケーション」という言葉が流行りました。仕事を終え先輩や上司とお酒を飲みながら、本音で質問・相談・議論し、お互いわかり合う努力をしました。

いい意味での競争関係は人間を成長させますが、本音でわかり合える人間関係を構築する努力なしでは、お互い疑心暗鬼で成果も望めないでしょう。

ルール 09
礼状はメールやSNSではなく手紙を書こう

「A君、昨夜は忙しいB商事のB社長にご馳走になったんだから、すぐに礼状を出しておいてくれよ！」

「部長、わかりました。すぐやります！」

「頼むぞ！　うちにとっては大事なお客様なんだから」

「できました！　それでは部長出しておきます」

「えっ、内容は？　ちょっと見せてみなさい」

「ええ！　メール?!　それもたったの2行！　これじゃあもらった相手にも君が事務的に出しているのが伝わるぞ！　そもそもこれじゃあ形だけで心がこもってないから礼状になっていない。ちゃんと手紙を書いて郵送しなさい！」

昔は初めて面談した際は、すぐに丁寧な手紙（礼状）を書いたもの。最近はインターネットの普及に伴い、軽いメールで礼状を送るのが普通になってきています。その方が早いし楽なので、理解できますが、頂いてもメールでは軽いので礼状として受けとめにくいのではないでしょうか。

勿論、メールでも心のこもったものもあるので、手段は問題ではありませんが、インターネット時代で、皆が軽いメールやSNSでのやりとりをしている中、丁寧かつ誠意がこもった手紙を郵送で出すと、受け取った方も「若いのになかなか感心だなあ」とそれなりの評価をしてくれるでしょう。

信頼を勝ち取れるのは、そのような小さな心配りの積み重ねの結果から。メールでの簡単なメッセージで何でもかんでもコミュニケーションを済まそうとしていると、誤解・誇張・説明不足で不信感を起こさせたり、人間関係を壊す原因になったりします。

相手に感謝し敬意を払いたいのなら、時間を取って丁寧かつ誠意が伝わる文章で手紙を書くべきです。そうすることによって予想以上に周りからの高い評価を得られ、人脈も構築できるでしょう。

ルール

10

会社の経費削減に気を遣おう

「どうせ会社経費で落ちるからどんどん飲み食いしよう！」
「多少交通費がかかっても会社負担だから……」
「つけっぱなしにしてていいよ。会社から見れば電気代なんて微々たるものだから……」

何だか浅ましくありませんか。確かに会社が支払ってくれる経費なのかも知れません。ただし、40年以上、日米アジアで経営コンサルタントをしてきてわかったことですが、出世する人・伸びる人・信頼される人とそうでない人との大きな違いの一つに、会社の経費削減を重視しているかどうかが挙げられます。

つまり公私混同していないかです。

できる人・信頼される人の共通点は、リーダー的思考を持ち合わせていること。会社に雇われていたとしても、オーナー的・社長的な発想で行動します。

ですので初めて出会った人でも社長になれる器を持っているかは、会社に対する発想や言動でわかります。

会社の経費を使うことは必ずしも悪いことではありません。要は費用対効果を重視し、会社に利益をもたらす経費の使い方をしているかどうかです。

光熱代・飲食代・交通費・接待費等の経費は、それらを使うことによって会社に利益をもたらさなければたとえ一円たりとも使ってはなりません。「公私の区別」をハッキリすべきです。

これができない人は、「小事は大事」で本物を見る目を持った人達から相手にされなくなるでしょう。新人であればある程、この区別はきちっとしておくべきです。

人間の評価で大きく差がつくところはそうはないでしょう。会社経費の使い方はその数少ない一つ。そこで人間としての器が測れるものです。

ルール

11

使わないものはためないで その都度捨てよう

「A君、貸しておいたアンケートの集計表、返してくれる?」

「はい、課長!」

「午後に打ち合わせで使うから午前中にね」

「わかりました、すぐに! あれ? 確かにこの引き出しに入れてたのに……。何でないのだろう?」

「どれどれ見せてみろ。何だこりゃっ。書類でぐちゃぐちゃじゃないか。しかも、もういらないものばかりだ。これじゃ何がどこに入っているのか、わからないだろう!」

「すみません、また必要になるんじゃないかと思うと、なかなか処分できなくて……」

「こんな古い書類必要になるわけないだろう。いらないものはすべてすぐに捨てなさい!

仕事ができるやつは、将来使う可能性の低いものなんかはすぐ捨てるぞ。第一パソコンにデータが入っているだろう。紙で残しておく理由はまったくない。捨てる勇気を持たなきゃ。すべて今すぐ捨てろ！」

「はい！　確かに捨てるのには勇気がいりますよね」

「それでも、**捨てないとどんどんいらないものがたまって、本当に必要なものがどこにあるかわからなくなる。**タイム・イズ・マネーだから、いらないものの中からいるものを探すのに大変な時間と労力を使うから、膨大なコストと精神的ストレスになるんだよ。お金は使っても取り戻せるが、失った時間は取り戻せないぞ！　いらないものでも捨てるとなると、もったいないとか将来困るんじゃないかと思うやつは、スピード社会についていけないよ」

「捨てるのは得るよりも難しい」と昔のアメリカ人上司は口癖のように言っていました。米国でも仕事ができる人ほど、机の上も中もきれいです。

今でもはっきり覚えていますが、米国で一流の弁護士事務所のナンバーワン弁護士の部屋に通された時、あまりの綺麗さにビックリ。仕事もしないのに請求ばかりする調子のいい弁護士かと思いつつ一緒に仕事をしたところ、仕事のできることできること。なんと必要な情報はパソコンと頭に入っているから書類がいらないとのことでした。

ルール 12
アイディアや注意点が浮かんだらすぐ書き留めておこう

「あれ、何だったっけなあ……。せっかくいい企画が浮かんでいたのに……。しまった、書き留めておけばよかった！」

よくあることですよね。ちょっと書き留めておけばいいのですが、それが近くに筆記道具がなかったり、面倒だったりで意外と実行できません。

また、違うケースでは、

「A君、ここ間違ってるぞ。言ったじゃないか、打ち合わせの時に！　何でちゃんと書き留めておかないんだ！　君には気が付かなかったことだったんだから、書いておかないと、僕が言った通り覚えていて正確に修正できるわけないじゃないか。しっかりしろよ！　何回同じことを言わせるんだ、幼稚園生じゃあるまいし！」

似たようなことを言われたことはありませんか。

私も新入社員の頃、よく先輩から同じようなことを言われていました。それで、いつもどこに行く時も、ボールペンとメモ帳を持って行くようにしました。元々記憶力が極端に悪いので、アイディアや注意点が出てきたらすぐに書き留めておかないと、忘れて二度と思い出せないのです。

米国に住んでいた時、感心しました。**一流と言われる人ほど、何かあったらすぐに書き留めていたからです。**彼・彼女らはいつでもどこでも平気でメモ帳を取り出して書き留めていました。お陰で私もメモ魔になりました。

騙されたと思って実践してみて下さい。周りの人はあなたがマメで一つひとつを大事にする信頼できる人と見始めるでしょう。また、絶えず書き留めている姿を見て、あなたのことを努力家かつ勉強家として好印象を持ちます。

周りの評価も大事ですが、徹底して行えば、実質あなた自身の仕事の効率もビックリするほど良くなるでしょう。

「人間は忘れる動物」ですから、いい加減な自分の記憶をあてにせず、素直に書き留める癖をつけましょう！

ルール

13

周りの人からどんどん教えを請おう

「聞くは一時の恥、聞かぬは一生の恥」

わからないことは恥ずかしがらず、その都度勇気を出して素直に聞いた方が、どんなに後々大きな恥をかかなくて済むかを指摘していますね。

中学1年生の時、知らないのに知っているふりをしていた私を察知するなり、担任の先生は大きな声でよくこの言葉を言われました。そのお陰で中学校を卒業する時には知らないことは何でも人に聞けるようになりました。

そんな私ですが、米国で経営コンサルタントになってから、その原点を忘れ、知ったかぶりをして大失敗したことがあります。ちょっとした笑い話にもなりますが……。

それは経営コンサルタントとして独立したての頃のこと。テキサス州政府の経済開発機構のアドバイザーに就任したのがきっかけで、同機構の長官と理事4人を連れて、テキサス州に進出することを検討していた日本の大手コンピューターメーカーA社の本社を企業誘致目的で表敬訪問した時のことです。

お会いしたA社の専務はせっかく遠路はるばる米国から日本に来たので、美味しい本場の日本料理をご馳走したいということになり、半分通訳を兼ねた私を含め同機構の全員を、一流の料亭にご招待頂きました。

料亭に到着後、A社の専務一行から、社内打ち合わせで遅れるので予約した懐石料理を先に食べ始めてほしいとのメッセージがあり、早速懐石料理が運ばれ始めました。大学卒業後から米国に住んでいた私は、懐石料理を食べたことがなく不安でしたが、運んでくる女将さんに、出されたものをすべて食べていいのかどうかなんて恥ずかしくて聞けません。

彼女が部屋から去るのを見届けて、いきなり皿に乗っているものをすべて食べ始めたところ、米国人である全員が私の真似をしてすべて食べきってしまいました。その直後、A社の専務が部屋に到着しました。そして、彼が一言。

「浜口さん、まさか皆さんにすべて食べられるとは言われてませんよね？　でもアメリカ人って凄いなあ！　飾りまで食べちゃうんだもんなあ……」

私は赤面と同時に額から脂汗が……。「一言女将さんに聞けば良かった！」と後悔。

ルール

14

まず、やってみよう

「今回の販売促進（販促）はネットで行いたいと思います」

「ネットで販促するのは初めてでしょ？　具体的にどうやって商品情報の送り先を決めるの？」

「これからグループの皆で考えます」

「ちょっと待って、送り先も決まっていないの？　じゃあ何人くらいに送るの？」

「まだわかりませんが、時間が許す限り1人でも多くの人に送りたいです」

「えっ、送る数も決まっていないの！　第一そんなことで成果が期待できるの？　もしやってみて全然反応がなかったらどうする？　責任は誰が取るの？」

こんな会話を会議等でよく聞きませんか。誰かが何か新しいことを提案した時に、その場にいる現実派からよく聞く文句ですよね。

新しく行うことの費用対効果や時間対効果を話し合うことは大事。ただ、ネガティブな意見や批判・評論をするのは、前向きに行う会議や打ち合わせの雰囲気を壊し進行の邪魔になります。

大切なのは、行う前にメリットとデメリットや問題点を明確にし、失敗して致命的なダメージを被らない限り、とりあえずやってみることです。

エリート志向の人は、先々を考え過ぎ、理論的な観点から問題点や上手くいかないことの理由をうんざりするほど指摘します。しかし、何事もやってみなければわかりません。ある程度議論し、成功する可能性もあるのであれば、まずやってみる勇気が必要です。

元々米国生まれのコンビニエンスストア「セブン・イレブン」も当初は日本では成功しないと言われていました。しかし、まずやってみることで、確かに問題点も出てきましたが、それらを乗り越えて日本でも大市場を作り上げていったのです。

マクドナルドも主食が米である日本人には、ハンバーグを挟んだパンなど売れるわけがないと見られていましたが、今では外食企業で一番の売上を誇っています。

理屈なしでまずバカになって死に物狂いでやってみることです。行き詰まったらその時考えればいいいじゃないですか！

ルール

15

自分のイメージ作りを大切に

いろいろな話題を提供し一躍有名になったライブドアの堀江社長（当時）を嫌っている人が多いのには驚きます。前にタクシーに乗った直後、運転手さんが不機嫌そうな様子で関西弁で捲くし立ててきました。

「お客さん、堀江って人どう思いまっか？　あっしらタクシー運転手仲間はけしからんと思っとるんですよ！　皆頭にきとる。若くして財を成したか知らんが、公の場にTシャツで出てきて挙句の果てに金でできないことはないとぬかしやがる！　世の中舐めとんねん！　あっしら暑い時も寒い時もいつもお客様に感謝するんで、ちゃんとした格好してまんねん！　あたり前やそんなん。金があるからって一人だけあの格好はないでっせ！　やつ見るたびに腹立ちますねん」

堀江氏の合理的なビジネス論理はわからないでもありません。ただ**世の中の人から共感**

を得るためには、謙虚なイメージ作りは非常に大事でしょう。ほとんどの人は理屈より、見た目で好き嫌いを判断します。

彼は、謙虚な気持ちでできるだけ人に不快感を与えないようなイメージ作りをすれば、かなりの支持者を得るでしょう。つまり、**余計なことでマイナス評価されずに済み、もっと多くの人から賛同や応援を得られる**はずです。

所詮、人間は他の人からの応援や評価なしでは結果も出せませんし、生きていけません。

米国でも堀江氏のようにどこに行くにもTシャツで通し、中身で勝負しようとしていた経営者がいました。ところが彼がいない酒の席で彼のことを誰一人よく言わないのです。性格は悪くないのにです。

「あいつは人をバカにしてるよな。我々は清楚な服装なのに、あいつだけ変な格好して。何様だと思ってるんだ！」「バカじゃないの、あんな格好して！」

私が顧問をしていた会社のある社員は、いつも芸能人のような格好をして顧客に会っていました。せっかく良いことを言うのに、変わり者として上司は評価しませんでした。彼は結局その評価に納得がいかず、会社を辞めていきました。自分で自分の首を締めるとはこのことではないでしょうか。

ルール

16 商品やサービスを売るのではなく、自分を売ろう

営業先でのこと。

「社長！　弊社はこの度業界初の画期的な商品を世に送り出しました。これがそうです。ぜひお試し下さい。どこが優れているかと申しますと……」

「悪いけどその種の商品は今ので間に合っているし、コストもかかるから今は無理だなあ。第一、君の商品説明じゃあ難しくて何言っているかわからないよ！　忙しいから必要になったらこちらから連絡するよ」

一方、**営業の本質を捉えている人は、商品やサービスを売るのではなく、自分を好いてもらうために自分を売っています。**

「社長、私は貴社が成功するのにぜひお役に立ちたいと心から懇願してまいりました。そ

のためには何でもお手伝いさせて下さい。弊社の商品は最初はコストがかかりますが、貴社の業務効率をあげることができるため、1年以内にそのコストの回収ができます。また、そうなるよう私が誠心誠意全力で対応させて頂きます！」

「わかった！　商品のことはどこも似たり寄ったりでよくわからんが、君のそのやる気が気に入ったから買うよ！　誠実そうな君なら、たとえ商品に問題があったとしても、うちのために一生懸命やってくれそうだし……」

このように、とにかく相手に好かれることが大事。商品やサービスの評価は専門家でない顧客にはまずわかりません。ですので、ある程度商品やサービスの説明を受けたら、それからは買う相手を信頼できるか、好きになれるかがポイントです。

商品やサービスが良くても、嫌いな相手からは買いません。私もそうですが、逆に相手を好きになってしまえば、多少商品やサービスのことがわからなくても、買ってもらえるケースはよくあります。ということは、商品やサービスではなく、**自分という人間を評価してもらい、好きになってもらえなければ成果は出ません。**自分のことを好きになってもらえれば大抵の場合、買ってもらえるのも実は時間の問題なのです。

ルール

17

職場で甘えたり、甘えた話し方をするのはやめよう

新入社員の話し方を聞いてぞっとしたことはありませんか。

昔、顧問先の会社に行き、たまたまその会社の入社したての新入社員の女性の電話での会話を聞いて愕然としました。

「……あの～。今部長はいないんですけどぉ～。どうしたらぁ～いいでしょうかぁ……」

どこかでこの会話の調子聞いたことがあるな……。そうだ、女子高生の会話だ！

電車の中での女子高生同士のやりとりはこんな感じでした。それを思い出した瞬間、その女性社員が高校生の時から人間としての成長が止まっているのではないかという恐怖心さえ覚えました。この話し方を聞いて、戦場のような職場で必死に仕事をしている上司や先輩方は、イライラするか、ショックを受けるのではないでしょうか。少なくとも私は悲しくなりました。職場とプライベートな会話との区別がつかない社会人がいるのだと。

見かねたので、たとえ顧問先だろうとそんな心無いコミュニケーションを続ける社員を見過ごすわけにはいかず注意しました。

「あなたはここに給料をもらって働きに来ているのですよね！　それとも遊びに来ているのですか？」

本人はビックリして黙り続けていました。おそらく外部の私が指摘したからかも知れませんが、生まれて初めてそんなこと言われましたという顔をして戸惑っています。

長い間の楽な学生生活で、親に守られ甘えた言動をしてきた人も多いことでしょう。ただし、一度会社という戦場に入ったら、言動から一切の甘えを排し真剣勝負を繰り返さないと、味方になるはずの先輩や上司が敵となり、足元をすくわれるでしょう。

厳しく言ってくれているうちはまだ花。周りから言われなくなったら、また無視されるようになったらもう終わりと考えて下さい。あなたはもう注意しても直らない、どうしようもない問題社員と見られています。そうなったら、「もう来なくてもいいよ」と言われるのは時間の問題です。

職場で甘えた声で話したり、甘えた行動をしたりするのはやめましょう！　損をするのはあなたです。

ルール

18 絶えず会社への貢献度を考えて行動しよう

ケネディー元大統領は演説の中で当時の米国民に言いました。
「国から何かをしてもらうのではなく、国に対して何ができるかを考えましょう!」
この何気ない一言は他力本願の生き方を否定し、自分の力で社会に貢献していくことの大切さを説いています。

今の日本にこの精神で生きられる人がどれだけいるでしょう。むしろ「どうして自分は国からも誰からも助けて貰えないのだろう?」と被害者意識で生きている人が多いのでは。

特に若い頃は、お金・経験・知識・信用力・人脈等が何もないため、ついつい会社や他人からの助けを期待してしまいます。頼めば何かしてくれるのではと考えがちです。

力も何もない時にこそ、まず自力で体当たりしてみて下さい。そういう人は奥ゆかしいので周りの人がほっとかないでしょう。黙っていても誰かが力を貸してくれます。

成功者の共通点の一つに、人が欲しいものや困っていることを見つけ、それを解決するのが得意だということが挙げられます。できる事業家はニーズがあるのに、それに応える商品やサービスを誰も提供していないことをいち早く見つけ世に送り出します。

せっかく何かをするのに誰にも貢献しないことをしていたとしたら時間の無駄になります。それは自己満足でしかありません。

会社においても成果が出る出ないにかかわらず、会社に貢献しようと一生懸命やっている社員は上司から見たら本当に可愛いもの。あたりまえのことですが、評価の高い社員とそうでない社員は会社への貢献度で測られます。

新人の頃は、どうしたら会社に貢献できるのかなかなかわからないでしょう。そんな時は、上司や先輩に素直に謙虚に聞きましょう。皆があなたに何をしてもらいたいのか、どんなことに期待しているのかを。そうすれば、目指すべきこと、するべきことがわかり、俄然力も湧き集中できるので、成果も出やすくなります。

大事なことは、人間である以上ついつい独り善がりになりがちなため、**絶えず冷静かつ客観的に自分が会社に貢献する言動が取れているかを自問自答し、他人の評価もチェックし続けていくこと**です。

ルール

19 わからないことがあったらすぐ聞いたり復唱したりしよう

「課長、電話です」

「誰？」

「A商事のBさんです」

「知らないなあ……、営業電話だろう。用件を聞いて営業だったら断ってくれ。そうでなかったら、折り返し電話するということで、電話番号聞いといて」

「わかりました！」

「課長、営業じゃないみたいでした。取引先で課長のことをよく知ってると言っていましたので電話番号聞いておきました。これがそのメモです」

「おかしいなあ？　そんな会社名でそんな名前の人は知らないけどなあ……じゃあ電話してみるか……」

「あれっ、C君、電話通じないぞ。電話番号が違うんじゃないか？　ちゃんと復唱して確認したか？」

「あっ、しませんでした。すみません……」

「しょうがないなあ……　大事なことだったら、またそのうち電話をかけてくるだろう。それにしてもどこの誰だろう？」

「課長、また電話がありました。たぶん先程のBさんです」

「お待たせしました、課長のDです。ああ！　E商事のF社長様ですか！　先程お電話頂いたのは社長様でしたか！　大変失礼致しました。うちの新入社員が間違えまして……」

「おいC、いい加減にしろよ！　あの電話、A商事のBさんではなく、E商事のF社長だ！　うちの大事なお得意様だ！」

「すみません。あまりよく聞き取れませんでしたので……」

「それなら何で聞き返さなかったんだ！　第一何で電話がかかってきたら番号だけでなく、社名や相手の名前のメモを取らないんだ?!」

わからないことがあったら勇気を出して聞き返したり復唱をするようにしましょう。

ルール

20 言葉の省略はやめよう

インターネットや携帯電話の普及のためか、言葉、特に固有名詞をかなり略す傾向があるようです。短くなることはいいこともありますが、社名や人の名前を略すことは時に失礼になったり混乱を招いたりします。

若い人の間では社内で頻繁に使う固有名詞があると略して呼び始めることがあります。便宜上社内だけで使っているうちはいいのですが、使い方や使う場面がわからない新入社員の多くは、社外でも堂々と頻繁にその簡易な名称を使いまくってしまいます。

聞いた方は、新しい経営手法なのか、何かの英語名なのかで、聞き慣れないその言葉を不思議に思います。その言葉の省略の意味がわかっている人同士で省略形を使うのはいいのですが、理解に苦しむのは、知る余地のない人にも平気で頻繁に使っていること。

先日もある会社で大事なお客様を交えての会議がありました。

「部長、○○○には来週打ち合わせに行きます」

「何だ○○○というのは？」

「○○○○○株式会社の略です」

「お客様の会社のことを君達はそんな風に普段略して呼んでいるのか？」

「はい、何しろ社名が長いので……」

「担当部署内で省略することは考えられるが、何もお客様の前で省略して呼ばなくてもいいだろう。第一お客様に失礼だろう！」

「すみません。いつも使っているのでつい……。他の会社も略して呼んでいますが……」

顧客であるその会社の担当者は、歴史と由緒ある会社だけに便宜上とはいえ勝手に自分の会社名を略して呼ばれたことでさすがに不機嫌。その場にいた顧問弁護士も「なんて気配りのない社員だろう」とでも言わんばかりの呆れ顔。

社名を省略しただけのことですが、時と場合によっては非常に失礼になります。そもそも便利ということで何でもかんでも省略してしまっていいものか極めて疑問です。会社名が長いと言っても、たかだか5文字が3文字になるだけでした。


固有名詞はできるだけ省略するのはやめ、省略する場合も時と場所を選びたいものです。

ルール

21 ギブ・アンド・ギブ・アンド・ギブでいこう

「僕は本当に運がないみたいです。こんなに運がないとそのうちこの会社も潰れるんじゃないかと真剣に心配してます。どうやったら運を呼び込むことができるのでしょうか？」

ある上場会社を訪問した際、いきなり社長さんからこんな質問をされました。経営コンサルタントをしていたことからよく聞かれます。

この時はたまたま社長さんから聞かれましたが、学生さんから聞かれても、新入社員さんから聞かれてもいつも同じように答えます。運を呼び込むのに年齢・性別・立場などはまったく関係ないので。

「運を呼び込む方法はあります。ただ、私流で、権威ある誰かからお墨付きをもらったわけではありませんが……」

「いいです。それは何ですか？」

「それを実践しても今すぐに運が良くなるのではありませんが、それでもいいのですか?」

「構いません。少しずつでも良くなれば」

「それでは、今日から**ギブ・アンド・ギブ・アンド・ギブ**を実行して下さい」

「ギブ・アンド・ギブではなく、ギブ・アンド・ギブ・アンド・ギブですか?　何が違うんでしょう?」

「親の愛情のように見返りを一切期待せず、徹底的に人の相談に乗り手助けしてあげることです」

「そんなことで運が良くなりますか?」

「はい、時間はかかりますが、着実に運は良くなります。なぜならそれを実行することによって、社長の大ファンがどんどん増えていくので。そのファンの人達は社長を尊敬し大好きになりますから、いいことや大事な情報、つまり運を持って来てくれます」

「なるほど、よくわかりました。今からすぐ実行します」

皆さんも実行してみて下さい。時間はかかりますが、必ず運は良くなります。

ルール

22 常に周りの人に感謝の意を表そう

ほとんどの人が職場の人間関係で悩んでいます。理由は様々ですが、多くの場合、上司・先輩・同僚・部下等の誰かと馬が合わないから。

なぜ馬が合わないのでしょう？　その理由を普通、人は価値観・考え方・生き方・性格・育ちが違うからと言うでしょう。しかし、それは違います。かえって違ったバックグラウンドを持っていた方がお互い補い合って上手くいく場合も結構あります。

実は人間関係で上手くいかない本当の理由は、あなたが相手を認めず、相手もあなたを認めないからです。つまり嫌い同士になってしまっているから。

では、どうしたらお互い尊重し合えるのでしょう？　それは意外に簡単。**いつも感謝の意を表すこと**です。

考えてみて下さい。常にあなたに感謝してくれる人をそもそも嫌いになりますか。そんな人を無視したり苛めたりする気になりますか。逆にあなたもその人に感謝の念を持つでしょう。また好きにもなるでしょう。

ですので**職場でいい人間関係を作りたかったら、周りの人に絶えず言葉で感謝の気持ちをしっかり伝え続けることです。**自己満足で終わらせないためにも、相手が心の底からわかるまでです。

実際に人間一人ではたいしたことはできません。誰か、特に周りの人の理解や応援が必要です。私たちは知らず知らずのうちに数多くの人にお世話になっています。

一見自分一人の力でできたように映ることもあります。しかし、それとて冷静に分析してみると、色々な人の協力や助けがあった賜物。

従って、**たとえ些細なことでも何かしてもらったら、心から感謝の意を表しましょう！**

その感謝の気持ちを表現するタイミングは、早ければ早いほどより誠意が伝わりますので、すぐに伝えましょう！

嘘だと思ったら、ぜひ試してみて下さい。昨日まで敵だったはずの人が、急に味方になります。**感謝の意を表すということは、相手に対してそれだけ強力かつポジティブなインパクトを与える「特効薬」なのです。**

ルール

23 絶えず人を励まそう

講演終了後、突然質問されました。

「落ち込んでいる時、どうやったら元気になれますか?」

「人それぞれ落ち込んだ時の克服の仕方があると思いますが、私の場合落ち込んでいる時こそ人の相談に乗り、一緒に悩み同苦し、心の底から激励します」

「自分が落ち込んでいる時に他人を励ますことなんかできるのでしょうか?」

「他人の悩みを聞いていると、いかに自分が恵まれている環境にあるかが見えてきます。そしてその人に同情し、励ましているうちに落ち込んでいたはずがどんどん勇気が出てきて、自分の置かれている環境に心から感謝できるようになるのです。一度やってみて下さい。言葉で説明してもピンとこないでしょうし、経験しなければわかりませんから……。私の場合もの凄く力が湧き、再度頑張る気になれます」

「何でそんなに力が湧くのですか？」

「他人の相談に乗ることで、いかに自分が恵まれているのか、一見大きく見える自分の問題がどんなに小さいかがわかります。それは他人を励ましているからこそ気付くのです」

私は、最も尊敬しているリーダーが米国で言われた何気ない言葉を一生忘れることはできません。それがその後の生き方の原点にもなりました。彼は質問してきました。

「人間に生まれてきて人生で最も幸せで尊い生き方とは、どのように生きることかわかりますか？」

「すみません、私はずっとその答えを追い求めてきました。しかし、未だにわかりません。ぜひ教えて下さい」

「それは、死ぬ最期の最後まで**損得勘定なしで1人でも多くの人を励まし、応援し続けること**です！　それをやり続けると信じられないほどの力が湧き、強運になれますよ！」

私にとって「目からウロコ」とはこのこと。長年探し求めてきた「人生をどう生きるか」の答えが、彼のその言葉の中にありました。自分にとって一生に何度もないであろう「悟りの境地」に。

あれから40年。人を励ますことの大切さを仕事でも何度も経験させて頂いています。

ルール

24

周りの人のいいところだけを盗もう

「あーあー、せっかくまともでいろいろ学べると思って期待してたのに、課長は優柔不断だし、グループ・リーダーはめちゃくちゃ短気。挙句の果てに東大を出ているから賢いと思っていた先輩はズボラで超丼勘定……。隣に座っているAちゃんはどけちで意地悪。私の周りには誰も尊敬できる人がいない……」

私が友人宅で仕事の打ち合わせをしていた時、帰宅した新社会人となったばかりの友人の娘さんがため息をつきながら独り言。すかさず、聞くに堪えなくなった友人は、娘さんに父親として一喝。

「お前何を偉そうなことを言っているんだ?! お父さんだって上場企業の社長を10年以上やっとるが、欠点はいっぱいある! 完璧な人間なんていないんだ。第一そんなの人間じゃない! 人の欠点をけなす暇があったら、まず皆の長所を学びなさい。お前なんか彼らと比較にならないほど欠点があるから」

お酒の力もあったようですが、優しいはずの友人がこれほどの剣幕で叱りつけるのを見たのは初めてでした。ただ指摘していることはまったく同感で、さすが多くの人を見てきた上場会社の社長とあって「お見事！」の一言に尽きます。

初めて会って相手が素晴らしいと判断した場合、ずっと素晴らしくいてもらいたいという気持ちは誰しも持っていると思います。しかし、少し付き合っただけでどんな人間かを知り得るのは、非常に難しいことでしょう。

人それぞれ長所・短所があり、それが人間の証。現実的に自分の周りにデール・カーネギー、マハトマ・ガンジー、キュリー夫人、マザー・テレサのような立派な方々がいつもいることはあり得ないこと。

大事なことは、**どんな人にも長所があるため、周りの人々から優れたところはどんどん謙虚に学び盗んでいくこと**ではないでしょうか。

経営コンサルタントまた経営者として世界中で様々な会社と人を見てきて、一つのユニバーサルなルールに気付きました。それは、**周りの人からいいところだけ盗もうという謙虚な気持ちをずっと維持できるかどうかが、勝ち組に残る鍵になることです。**

ルール

25

嫌なことを誰よりも率先してやろう

昔、顧問先企業で打ち合わせを終え、帰ろうとしてエレベーターに乗った瞬間、隣に立っていた若手女子社員が話しかけてきました。

「今お世話になっております経営企画室新入社員のAと申します。突然で失礼します。先日の社内研修でのご講演の際、困ったことや質問があれば、いつでも直接連絡下さいと言われておられましたので、お言葉に甘え、勇気を出してお声がけさせて頂いております。こんなところで急に質問させて頂くの、ご迷惑でしょうか?」

「いや、大丈夫です。次の顧問先に行くまで少し時間があるので……。何でしょう?」

エレベーターが開き、落ち着いて話もできそうもないので、会社の1階にあるカフェで引き続きお話を伺うことにしました。

「実は私は東大法学部を出て、上場企業の中で最も勢いがあり、若手にもチャンスを与えてくれるということでしたので、今年4月に入社しました。最初は男女関係なく一緒の研修でしたので良かったのですが……今の経営企画室に入って、秘書を除き女性は私1人で、早朝より雑巾がけを含め掃除・お茶汲み・電話応対までほとんどすべての雑用は私1人に回ってきています。たまたま今の部署では新人は私1人ですが、たった1年しか違わない先輩達は、それは新人の仕事だからと言って何もしてくれません。もう限界です。他の部署に回してもらえないようでしたら、会社を辞めようかと思っています」

一流大学を出たのに「何で私だけがこんなことを」というエリート意識を彼女から垣間見たので少し厳しく言いました。

「大変ですね。でもあなたは間違っていますよ。掃除・お茶汲み・電話対応は立派な会社の仕事です。**誰もやりたがらないかも知れませんが、誰かがやらなければ会社は困ります。**だったら新人であるあなたが率先してやったらいいじゃないですか！　安心して下さい。あなたのそんな仕事ぶりを見る人は見てますから。エリート意識が少しでもあれば快くできませんよ。自分との戦いです。一生掃除やお茶汲みをするわけじゃないですから」

若い時に嫌なこと辛いことをした分、人間として力がつきます。ぜひ挑戦してみて下さい。

ルール

26

姿勢良く座ろう

「バカもの、姿勢が悪い！　ビシッと座れ、ビシッと！」

突然の上司からの罵声に驚くと共に、何で座り方一つで朝からこんなに叱られなければいけないのか、その若手社員は理解に苦しんでいるようでした。

たまたま顧問先である上場したてのベンチャー企業に訪問した時の出来事です。その社員はかなり落ち込んでいる様子。

座った時の姿勢が悪く、私も小さい時よく両親に叱られました。納得できなかったため母親に聞いたところ、4つの理由を指摘してくれました。

まず**姿勢が悪いと病気になる可能性が高くなるから。**2つ目に、**心身ともにダラダラと緩むから。**3つ目に、**一生懸命頑張っている人から見たら邪魔な存在となるから。**最後に、**早く疲れて集中力が落ち、続けていることが嫌になるから**とのこと。

なるほどと思いました。今家庭や学校では姿勢のことは昔ほど指摘したり、正したりすることがなくなってきています。自己管理するべきこととして、そこまで手取り足取り教えなくなったためでしょうか。どうもそうではないよう。教師や親が自信や情熱をなくし厳しく言えなくなってきているからではないかと危惧しています。

両親がいつも嫌というほど姿勢について厳しく指摘してくれたため、私は姿勢が良い方になりました。そのため、**長時間仕事をしても疲れませんし、仕事の集中力はかなりつきました。**また学校在学中も卒業してからも、まったく病気したことはありません。その上、就職してから独立するまで、また独立してこのかた遅刻や欠勤は一度もありません。

小学1年生から大学入学まで競泳をやっていたことから体力がついたこともおおいに貢献していると思いますが、最大の理由は姿勢が良いからだと思っています。よく人からも姿勢が良いと言われます。まあ、よく胸を張っているので威張っているようにも見られますが、肩書き上経営者でもあるので、丁度いいのかも知れません。

いずれにしても、姿勢良く座るよう指摘されることは、あなたのことを本当に思って言ってくれている証拠。注意してくれた人に感謝すべきですし、自分のためになるので努力して直すべきです。

ルール

27

職場は人生大学

私が昔経営していた会社の専務は東大を出て大手銀行に就職。その後、大手シンクタンクや外資系投資会社等を経て、中国の上海で会社経営にも携わりました。彼はよく言っていました。

「社会に出たら一流だろうと何であろうと出身大学なんて関係ない。今何ができるか、どれだけ会社のために稼ぎ、貢献できるかだ！」

まったく同感です。以前私も一流大学出身者や一流企業での管理職・役員経験者を多く中途採用したことがありました。一流大学を出て一流企業でそれなりの経験をし責任職をこなしてきた人ならば、そこそこの仕事ができるであろうとの判断からですが。

結果は大外れ。一流大学・一流企業出身ということでプライドばかり高く、仕事はまったくできませんでした。できなかったというより、正確には大企業で重職を長年した経験から、人に仕事を振ることは上手ですが、自分一人では何もできない。つまり一日中会社でブラブラし、電話やメールで指示を出しているだけ。怒った専務は彼らに言いました。

「会社のためにプライドを捨て、1人で営業して稼ぐ気がないやつは即刻辞めろ！」

結果的には当時の中途採用のベテラン社員は、専務を残して見事全員、辞めました。その時に専務が一喝。

「職場は人生大学や！　どこの一流大学を出たとかどこの有名企業に勤めたと言っても仕事できないやつは信用できない。職場を人生の道場と思って修行する気のないやつなんか、いりませんね！　辞めてくれてせいせいした」

とても格好いいし、物事の本質がわかっている人だと思いました。さすが異国の地で経営者として苦労してきた人。

教育を受けるのは学校だけではありません。**人間がいるところすべて教育の現場。人生の時間を最も使い、様々な人がいて人間の組織を作っている会社こそ、最も重要な教育機関であり、最高の人生大学です。**その最高の教育機関で仕事を通じて様々なことを学び合い、人間性を高めていきたいものです。

ルール

28

どんな時でも嫌な顔はしないようにしよう

あたりまえのことですが、会社での仕事にはイレギュラー（異例）なことがつきもの。いつも決められた仕事をやっていればいい、また自分のリズムでやっていればいいというものではありません。仕事では、自分の頑張りに応じた結果が必ず出るとも限りません。

今日やり終えなければならない仕事に懸命に取り組んでいる時に、突然上司から別の仕事を頼まれることはよくあります。それも「急ぎでやってくれ」とのコメント付きで。

もしくは自分では満足のいく結果が出せたと思っている仕事に対して、上司から厳しい評価が下されることもあるでしょうし、時には四苦八苦して仕上げた仕事に対して、簡単にやり直しを命じられることも。

そんな時、あなたはどういう反応をしますか。たいていの場合、上司に対する不満を顔に出してしまうのではないでしょうか。

「なぜこの仕事を私がしなければならないの？」「え？　これ以上の結果は、俺には出せないよ！」「一生懸命にやったのにやり直しだなんて、まったく意地悪な上司だ」等々。

しかし気をつけなければいけません。この一瞬のあなたの反応を上司はよく見ています。信頼して仕事を任すことができる部下なのか、それとも心配で何も頼めない部下なのか。それによって、あなたの今後の処遇まで決まってしまう。

私が考える、上司に好かれる部下とは、まず**どんな仕事を頼んでも「はい、喜んで！」と受けてくれる人**、次に**叱ってもへこたれない人**、そして**状況に応じて態度を変えない人**です。

当社でも毎日それぞれが忙しく担当の仕事を処理していく中で、どうしても突然入ってくる仕事があります。誰に頼もうかと思った時に、何でもいつでも素直に受けてくれる人に自然にお願いすることになります。「Aさんなら嫌がらずに受けてくれるだろう」という安心感があり、失敗しても前向きにやり直してくれるという信頼感があるから。

このAさんのように何でも喜んで受けてくれる人なら、仕事の結果も当然満足のいくものとなるので、評価も上がり、昇給・昇進にもつながっていきます。

心で葛藤しても嫌な顔は見せない、これは良き社員の必須条件だと言えます。

ルール

29 何でもいいからワクワクすることをしよう

昔、新入社員を対象に「社員としての心得」に関する研修を行っていました。正社員になる半年以上も前からインターンとして働いているスタッフに「現状での職場の問題点」について聞いたところ、「刺激がない」「新鮮さがない」「慣れたのでスピーディーに仕事をしなければならないというプレッシャーがなくなった」というコメントがありました。

インターンを先に始めたからといって、まだ働いて1年も経っていません。彼・彼女らには「何でもいいからワクワクすること」をするよう勧めました。皆、悪い意味での「仕事オンリー人間」に既になってしまっていたので。**人間である以上、どんなに好きでも毎日同じ仕事だけやっていたら、刺激も新鮮さもプレッシャーもなくなります。**

ワクワクするには職場だけに限れば、常に新しいことにチャレンジすることです。同じことばかりしていれば、マンネリ化したり、ワンパターンなので要領を使ったり。最初は楽でいいのですが、そのうち飽きてきてしまいます。

ですので毎回少しずつでもいいので、**同じような内容・レベルではなく、多少以前よりレベルアップしたことをすれば、緊張感から少しはワクワクしながら仕事ができるようになります。**

またマンネリ化防止のために、仕事以外に何か楽しくチャレンジできることを見つけることです。職場だけで常にワクワクするような心理状態を作り出すのは無理です。**職場以外の趣味や習い事等で、好きなもの、本当に学びたいことを選び、どんどんレベルアップを図ることでワクワクする毎日を送りましょう。**色々な人と出会うことも刺激になるでしょう。そうすることで仕事でも効率よく成果を出せるようになります。

私の場合、暇さえあれば文章を読んだり書いたりしています。また人と会い、新しい価値観・考え方・情報を教えてもらうことで毎日をエキサイティングなものにしています。仕事以外のことでワクワクしていると、仕事自体にワクワクしてくるから不思議。

仕事でのワクワク感は職場以上に、社外のことから演出されます。そのためにも、社内のみならず、社外でも人的ネットワークを作り、色々活動してみて下さい。大事なことは、**仕事以外のことでワクワクし、仕事でもそれを活かすこと**です。

ルール

30 何でもいいからリーダーを務めよう

振り返ってみて、今までやってきたことの中で仕事をやる上で一番役立ったことは、リーダーをやらせて頂いたことです。リーダーと言っても色々ありましたが。

小学生の時は、図書委員長、美術部部長を、中学では水泳部部長等もやりました。小さい時の体験も大事ですが、10代後半から20代でのリーダーの経験はかけがえのない財産になります。その時期ではまだまだ経験・知識・自信はありません。にもかかわらず、まとめていかなければならない人達は自負心を持っていますので、命令では動きません。一番苦労して人をまとめていかなければならない時期です。

その時にいかに皆を同じ方向に向かわせ団結して成果を出させるかということは、組織の大小にかかわらず、大変なエネルギー・能力・勇気が要求されます。それをやってのけることは、人間として大きく成長し魅力もつきます。

どんな仕事に就こうと、成功に欠かせないことがあります。それは**人間関係のマネジメント能力**です。つまり、どの会社や組織にいようと、そこには必ず人がいて、その人たちと上手くやっていかなければ、自分の評価・価値もなく、当然成果も出ません。

学生時代にスポーツや体育会系クラブをやっていた人が会社に入ったら、俄然力を発揮します。よくよく観察してみると、彼・彼女らには共通点があります。

まずスポーツで鍛えた強靭な体力と根性。それ以上にスポーツ活動を通じて、人をまとめたり、リードしたりすることを学んできているのです。

「私はリーダーに向いていないからリーダーをやれと言われても……」とよく聞きます。それは違います。**リーダーに向いていないからこそ、リーダーの経験が必要なのです。**

一度は職場でリーダーを経験してみて下さい。どれだけ大変か、どれだけ力がつくかを痛感することでしょう。

そうすると、上司を含めリーダーをしている人に対して敬意を払い、感謝し素直に協力する気持ちになれます。毎年新人が入社してきて、気が付いたら部署の中で自分が一番上だったりします。その時、嫌でもリーダーをやらなければならなくなります。今のうちにリーダーとしての力をつけておかなければ、後輩に追い越されるのは時間の問題です。

ルール
31
毎日おおいに挫折しよう

クイズです。次の２人は誰でしょう？

まず１人目。22歳でビジネスに失敗。23歳で地方議員選挙落選。24歳で再度ビジネスに失敗し、26歳の時、最愛の恋人が死去。27歳で神経衰弱の病いにかかる。34歳、39歳で連続して下院議員選挙に落選。46歳でまた上院議員選挙に落ちる。47歳の時、副大統領選挙に敗れる。49歳で再び上院議員選挙に落選。

２人目です。６歳で父を失い、３人の兄弟の世話をしながら、働き詰めの母を助けるために家庭料理を手掛けるようになる。12歳の時、母の再婚をきっかけに家を出てからは、機関車の助手や保険の外交、蒸気船、フェリーのサービスステーション等様々な職業を転々としながら30代後半でガソリンスタンドを経営するが、干ばつや大恐慌で倒産。60歳でレストラン事業を始めるが、失敗し多額の借金を抱え込み、社会保険で生計を立てる。

62歳で背水の陣で更に借金に借金を重ね、手元に残ったわずかな資金で再度レストラン事業を模索。65歳でそのレストランを事業化し、世界初のフランチャイズビジネスを始める。

1人目が、後に第16代アメリカ合衆国大統領となるエイブラハム・リンカーン。

2人目は、世界最大級のフランチャイズビジネスとなった「ケンタッキーフライドチキン」の創業者、カーネル・サンダースです。

この話を聞くと、職場での挫折なんてたいしたことないと思いませんか。

挫折は繰り返せば繰り返すほど力、特に人間力がつきます。

私も小さい時から挫折の連続でした。小学1年生から競泳選手を目指し大学生まで必死に練習しましたが、背が伸びず挫折。国際経営コンサルタントになるという夢を持って米国の経営大学院を7校受け、全校の受験に失敗。ようやく拾ってもらった国際会計・経営コンサルティング会社に勤めている際に米国公認会計士を毎年受験するが失敗の連続。念願叶って国際経営コンサルタントとして米国で独立するも、その直後、資金・信用・人材等すべてを賭けて応援していた会社が倒産。

挫折は繰り返しましたが、その経験が今大きな財産になっています。挫折した分、コンサルタントまた経営者としての力がつき、どんな困難も乗り越える自信もつきました。

ルール
32
本を読んで知恵と運をつけよう

人生を何度も生きることができたら、私達の生きる姿勢はまったく違ってくることでしょう。しかし人生は一度きり。この一度の人生をどのように豊かに生きていくか。そのヒントは「読書にある」と私は思います。小説・詩歌・ミステリー・実用書等様々な種類の書籍がありますが、**どの本の中にも著者の人生経験に基づいた豊富な知恵が溢れていて、自分の人生では経験できない新しい何かが記されています。**

そして私達は、本を読むということで、あらゆる違った人生を知ることができます。どういう種類の本であれ、著者が書く目的は人に何かを伝えたいから。そのためにそれまで生きてきたすべてを言葉というエッセンスにして思いを注ぎ込みます。だからこそ、フィクションであれ、ノンフィクションであれ、読む人に感動を与えることができるのだと思います。

私の趣味は、時間を見つけて本屋に立ち寄ること。現在、経営者として、1週間が10日以上、1日が30時間以上にも匹敵するほど凝縮した毎日を過ごしていますが、移動の合間や週末のわずかな時間を見つけては頻繁に本屋に立ち寄ります。たくさん並んだ本に囲まれることが、とても心地よいのです。

仕事柄、ビジネスや情報雑誌コーナーに立ち寄るのが主になりますが、パラパラとページをめくりながら、溢れている情報に浸るのもワクワクしますし、背表紙のタイトルを順番に眺めるだけでも仕事のヒントを得たり、働く意欲が湧いてきたりするのが不思議です。直感で数十冊買って帰ったり、アマゾンで気になる本を買いまくったりで、いつも書斎は本で溢れています。残念ながら、読書には通勤・移動時間しか充てられませんが。

特に成功している人の本を読むようにしています。なぜなら過去の人、また現在の人であっても、そこには幸運のキーワードが潜んでいて、そのカギを文中から見つけ出し、自分のものにしていく作業はこの上ない楽しみだから。本を読むだけで著者の強運が読者に移る気がします。数え切れない本の中から出会った1冊は、大切な縁なのですから。

読書を通してたくさんの著者や主人公と出会い、知識・知恵をもらうことで、少しでも充実した人生にしたいものです。

ルール

33

お金（報酬）を追えばお金で滅びる

これは米国に20年いて、ぜひ皆さんにお伝えしたいメッセージです。一般的な言い方にすれば「お金で溺れる人はお金に泣く」ということでしょうか。

知人で金融のプロがいます。彼はスタンフォード大学を出て、米国のハーバード・ビジネススクール（経営大学院）を優秀な成績で卒業し、一流証券会社に入社しました。とてもハングリーな性格なため、どんどん成果を出し、年収もそれにともなって上がっていきました。それでも、自分が会社に儲けさせてあげている額からすると報酬は少な過ぎると判断し、もっと報酬を出す投資銀行に転職しました。そこでもそこそこの成果を出しましたが、また昇給率に納得がいかず、同業他社に転職する羽目に。そんなことをほぼ毎年続けているうちに、「多少なりとも成果は出すものの、お金ですぐ動くあてにならない人」という評判が業界で立ち、遂にどこからも信用してもらえなくなり、転職先もなくなってしまいました。

似たような話を聞いたことがありませんか。米国にいた時、結構同じようなことをしているエリート達にパーティー等で出会いました。そういう人達は一見頭がよく優秀そうですが、人をバカにした話し方で自慢話ばかりし、顔にいやらしさのようなものがにじみ出ているため、業界の人間ならばすぐに察知します。

日本に戻ってきて同じような若手エリートに会いました。一流大学を出て、国内外の一流ビジネススクールに留学した後、学歴・実力と報酬が違うということでより高い報酬を求め、頻繁に転職を続けている人達。

私は米国のテキサス大学経営大学院（ビジネススクール）で7年間ビジネス全般を教える機会を得ました。その時の経験やエピソードは『MBAでは学べない勝つ経営の本質』（日経BPコンサルティング）にまとめましたが、教えた卒業生をフォローしてみると報酬を追う人は優秀でも最後はお金で苦労しています。

先日出会ったある会社の新入社員は、たった数千円給料が違うから、やりがいのありそうな仕事ができる会社より、有名企業に就職を決めたと堂々と自慢していました。

若い時はお金より、どれだけ学べ、どれだけ力がつくかで仕事を選びたいものです。

ルール

34

どんな時でも言い訳をしないようにしよう

私が大嫌いなことの一つに「言い訳」があります。言い訳をしないで生きていくのは難しいことですが、反対に言い訳をすることは実に簡単なこと。

約束した時間に遅れた場合、あなたはどうしますか。また仕事で失敗した場合はどうでしょう。言い訳を考えるのは難しくないですよね。

相手には、あなたの行動をすべて把握することはできないので、いくらでも理由を創作できます。本当は寝坊しただけなのに、自分の非を認めたくないため、子どもが急病になったので病院に連れて行ったと言うこともできる。仕事の失敗でも、ちょっと考えればいくらでも理由が見つかるでしょう。

言い訳とは、実に「自分の失敗を隠し、自己正当化するための悪知恵」。だからそこには、人生に対する卑怯な姿勢が見て取れるので、私は言い訳をする人を信用する気にはなれません。

言い訳をしないということは、自分の行動にいつも責任を持つということであり、これこそが真の大人として、社会人として心掛けるべき姿勢ではないでしょうか。

残念なことに、日本社会では言い訳をしない人に出会うことのほうが難しいかも知れません。一方、失敗したら言い訳をせずに謝ればいい、それで許されるという安易な姿勢も考えものです。ではどうすればいいのか。

言い訳が必要な失敗はしないようにするしかありません。つまりあなたが責任を取れない失敗はしないと決め、最大の注意と努力をすること。

確かに人生は失敗の繰り返し。事実、私も今まで失敗の繰り返しで生きてきました。世界の一流の人達も失敗が転じて成功した例がたくさんあります。

つまり、成功につながる失敗はおおいにしてもいいわけです。しかし、他人に迷惑のかかる失敗、言い訳を必要とする不注意によるミスはしないことです。そして一度した失敗は二度と繰り返さないこと。これは、常に「心掛ける」ことで実行できます。

言い訳によって信用をなくす人生か、ちょっと大変でも、日頃の心掛けで言い訳をしなくて済む人生にするか、どちらが得かはあなたの判断次第です。

ルール

35 一度注意されたら二度と同じことを言われないようにしよう

何度注意されても同じ失敗を繰り返す人があなたの職場にもいませんか？

その人は、とても不誠実なことをしています。

何度言っても直らないということは、言われていることを真剣に聞いていない、受け入れていないということだから。

普通、尊敬できない人から何かを言われても、素直に聞く耳は持てませんよね。あなたの会社でも同じことが言えます。

つまり、注意してくれた人を尊敬していないから、何度言われても同じ失敗を繰り返すわけです。もし、あなたが上司から注意されたことを繰り返すとすれば、注意した上司からすれば、あなたが「上司である自分を尊敬していないんだ」と判断されてしまいます。

たとえば、注意してくれた人が、あなたの大好きな恋人だったらどうでしょうか。

「今日の君の服装、ちょっと似合っていないよ」「君の香水、キツ過ぎるよね」と。

あなたは、「しまった！」と思って、二度と同じ服は着ないでしょうし、二度とその香水はつけないでしょう。好きな人に言われたことは絶対に繰り返さないはず。それはもちろん、嫌われたくないから。

会社で上司に指摘された同じ失敗を繰り返すのは、上司に嫌われるのを何とも思っていないということであり、上司に信頼され将来を嘱望されることを拒否しているようなもの。

あなたの会社がサービス業の場合は、最悪の結果を招くでしょう。お客様相手の仕事で、同じことで注意を繰り返されるということは、お客様に言われたことも対応できないということの証明なので致命的です。本来ならば、言われなくてもお客様の立場に立って、何を望んでいるかを察し、的確なサービスをするのが当然なのですから。

上司に嫌われる前に、お客様に去られてしまうでしょう。

また、何度言っても変わらない人は、そのうち周りの人が何も言わなくなります。言われなくなることは楽かも知れませんが、それが得か損かは少し考えてみればわかりますよね。

取り返しがつかなくなる前に、一度注意されたことは即座に直すようにしましょう。

ルール

36

約束の時間より5分早く行こう

仕事でもプライベートでも絶対に行うべきことがあります。**約束をしたら時間を守ること。しかも待ち合わせ時間よりも少なくとも5分は早く着くようにして下さい。**

最近では携帯電話の普及で時間にルーズな人が多くなってきました。時間に遅れても、携帯で連絡すればいいいからです。これは大きな間違い。

基本的には待ち合わせの時間がタイムリミット。約束の時間を守れない人はルーズだと判断されてしまいます。また、**5分余裕を持って行けば、何かあった場合でも、間に合う可能性は高くなりますし、何かあっても対応する時間もあります。**

いつもいつも、なぜか5分以上約束の時間に遅れてくる人がいました。彼は仕事はきちんとこなすのですが、彼と仕事をしているスタッフは打ち合わせ時間より5分前に、約束の場所に必ず来ていました。ですので彼を待っている時間は合計10分以上になります。いつものことなので、そのうち、待ち合わせ時間を5分早く伝えることにしました。すると5分遅れて来るので時間ピッタリに。

となると「ワザと遅れてきているのか」「待たせることで自分が偉いと思わせたいのか」と変な不信感をスタッフは持つようになりました。その結果、彼のスタッフは1人離れ2人離れて、懇意にしていたスタッフは皆彼の元を離れてしまったのです。

先に述べましたが、彼は仕事ができる人でした。それでも、このようにちょっとしたことでスタッフは不信感を持ち、袖を分かつ結果になってしまったのです。

絶対に約束の時間に遅れないように心掛けることです。もしも相手がもっと早く来ている人だったら、約束より早くその場に着くことによって相手もわかるので「気遣いのできる人」として評価は高まります。

小さいことですが、時間に関する評価は意外と大きなもの。能力以上に評価される場合もあります。少なくとも私の過去の上司達は時間にはとても厳格で、私も時間を常に守っていましたので能力以上の評価をしてくれました。

たかが5分、されど5分。たった5分の違いであなたの人生の展開が大きく変わることすらあります。また、その些細な5分の心掛けを周りの人達は本当によく見ているのです。

ルール

37 人の相談に乗ろう

私は人の相談に乗るのが大好きです。時間が許す限り人に会い色々な相談に乗ります。実は小学生の頃から人の相談に乗ってきています。母が人の相談に乗るのが大好きで、母に付いて行って横で話を聞いていたことから、私まで相談好きになりました。小学生の時は、姉や学校・スイミングクラブの友達の相談に乗り、一生懸命激励していました。時には学校の担任や他の先生方の相談にも乗っていました。

なぜ人の相談に乗るのが好きかと言うと、困っている人を見ると何とか助けたくなるから。またいずれ自分や家族も同じような問題で悩む日が来るのではないかと思うと人事ではなくなります。気づいたら相談に乗った人の問題が自分の問題になって同苦している。

高校3年生の進路選択の段階で、困っている人の相談に乗り、激励し助けられる職業がないか真剣に考え探しました。ただ決して頭は良くありませんでしたので、高度な学問が必要な分野は能力的に無理だと思い、実践的であり、身近に感じられたビジネスに関する相談に乗る仕事を探しました。その結果、「経営コンサルティング業」を見つけ、これをライフワークにすることにしたのです。

ビジネスの分野に限られてはいるものの、人の相談に乗る「経営コンサルティング業」を長年職業にしてみて、つくづくと痛感します。「本当に自分にぴったりの天職だ」と。「自分のことで毎日手一杯なのに、人の相談まで乗っている余裕はありません」「若くて経験・知識がないので、とても人様の相談に乗り、励ます力などありません」等よく反論されます。なるほど一見理に叶っています。

ただ、それらは本気で人の相談に乗ったことがない人の言い分です。もし自分の愛する人が悩んでいたら、年齢・経験・知識とは関係なく相談に乗り必死に解決策を探すはず。**実は人の相談に乗るのに年齢・経験・知識などいらないのです。**勿論あった方がベターです が、**必要かつ大事なのは、その人のことを本当に心配し、何とか助けたいと願う誠実な心です。**

人の相談に乗ることは人生において最高の勉強になり、人間としても成長します。また、もの凄いエネルギーも出てきます。

ルール

38

毎日語学を5分楽しく学ぼう

あるベンチャー企業の入社式での社長挨拶です。

「今後ビジネスの世界において、ボーダーレス化がどんどん進み、語学、特に英語ができない人は、大企業はもとより、中小企業においても重職に就けなくなるでしょうし、ビジネスチャンスも逃すことでしょう！　私も苦手ですが、毎日の通勤途中、車中で英語を勉強しています。皆さんも負けずにチャレンジして下さい！」

まったく同感です。私は以前、株式会社伊藤園の社員対象に能力開発目的のため創設された企業内大学である「伊藤園大学」で、10年近く「国際ビジネスコース」の講義をさせて頂いていました。海外事業展開をする上で戦力となることを目指し、海外雄飛を夢見た若手社員さん達が年2回4日間の特訓のために全国から集まってきます。講義は容赦なく英語で行い、いつも次のような質問を受けます。

「毎日早朝から深夜まで業務で殺人的なスケジュールをこなしています。海外で頑張りたいのですが英語は苦手ですし、勉強する時間もありません。どうしたら早く上達できますか？」

英語の嫌いな人が英語を勉強するのはかなりの苦痛。まして時間がないと上達させることは不可能に近いです。私も高校時代、英語は大の苦手で成績もずっと赤点（落第点）でした。高校を卒業できたこと自体、奇跡でもあったのですが、あまりに英語ができないので、見るに見かねた担任の英語教師が、3年生の夏に1ヶ月間米国にホームステイさせてくれました。それから英語が身近な存在となり、日本語より好きになりました。

それから、できなかった英語を短期間で上達させる方法を私なりに見つけました。ポイントは少しでもいいので毎日楽しく学ぶこと。映画が好きなら映画の台詞を繰り返して唱えるとか、歌が好きなら毎日好きな英語の歌を歌い、歌詞を覚えるとか。

私の場合、お金もなかったので、ラジオとテレビで放映されている英会話番組を毎日欠かさず見聞きし、英語のフレーズを歌うように楽しく繰り返しました。

「継続は力」で、毎日5分でいいので楽しく語学を学ぶ習慣をつけましょう！

ルール

39

言う前に言っていいかどうかまず考えよう

日本の格言に「覆水盆《ふくすい》に返らず」という言葉があります。一度溢れてしまった水が、盆の中に戻ることはあり得ないということで、取り返しがつかない失敗のことを言います。

この、取り返しがつかない失敗は、口から始まることが多いでしょう。「災いは口より出でて身を破る」とも言いますが、正に言葉による失敗は取り返しがつきません。言葉は言葉ですが、ただの言葉では終わりません。口から出た言葉は、相手の心にしっかりと刻まれます。紙に書いた文字は、消すことも破り捨てることもできますが、口から出た言葉は絶対に消せません。たとえ相手の耳に入っていなかったとしても、今では携帯電話等に録音機能もありますので、言ったつもりはないでは済まされません。

失言によって一体何人の政治家・役人・経営者が更迭・解任されてきたことでしょうか。

また、世界からヒンシュクを買った政治家の発言は、枚挙に暇がありません。うっかり口にしてしまった一言によって信用を失い、また職を失い、果ては家族からも去られてしまう人までいるほど。まさに「心して気をつけろ！」ですね。

家族や気の置けない友人との間では、ちょっとした失言はよくあることで、お互いに許せることかも知れませんが、**職場や公の場での相手・聞き手への失言は思わぬ結果を招きます。**一度言ったことは消せないので、たとえ何万回謝って言い直したとしても、「この人は実はこんなことを考えていたのか！」という相手のショックは消えません。その後、ギクシャクした関係が始まり、修復する方法はないと言ってよいでしょう。

家庭の中でも発言には充分注意が必要です。たとえ夫婦であっても、ちょっとした心ない一言が深く相手を傷つけてしまうので。長年連れ添った夫婦でも、血のつながりのない他人同士が愛情という純粋な感情でつながった関係ですから、愛する相手からの一言はなおさら重みをもちます。夫婦間での口喧嘩が、最後は激しいののしり合いになるのは、気を許しあっている関係というよりも、愛情が一瞬にして憎しみに変りうるほど純粋な関係であるためです。ましてや親子関係においては、夫婦以上に切っても切れない血のつながった関係であるだけに、一言には気をつけるべきでしょう。

家庭こそ人間関係を学ぶ原点の場であることも肝に銘じましょう。

ルール

40

セミナーやイベントに出まくろう

長いようで短い人生。たかだか頑張って生きて百歳前後。その中で何人との意義ある出会いがあるでしょう。職業柄、次のことをよく聞かれます。

「自分を向上させるにはどうしたらいいのでしょうか?」「自己啓発の効果的な方法は何でしょうか?」「能力をアップさせるには?」

私の場合、特効薬は2つあります。まず**本を読みまくること**。これはほとんどの方が実行しているでしょう。もう一つは、**セミナーやイベントに出まくること**です。これは、時間とお金、更に実際に会場に行って理解に努めるという労力がかかりますので、意外と実践している人は少ないようです。

劣等生だったにもかかわらず、高校卒業直前に急に国際経営コンサルタントを目指すことにしました。それで人間性と必要な能力を向上させてくれそうなセミナーやイベントに出まくりました。たとえ高額でも親や姉に借りてまでも。

たとえば英語が全然できなかったにもかかわらず、いつかペラペラになりたいと思い、米国一流週刊誌『ＴＩＭＥ』を教科書に使って学ぶ、『速読の英語』という講座を3ヶ月かけて受講しました。受講生のほとんどが同時通訳者や海外長期留学経験者で、私とのあまりのレベルの違いに愕然としました。講義はまったくわかりませんでしたが、「いつかこういう講座の講師ができるくらい知識と英語力を身につけるぞ！」と決意しました。

あの講座を受講したお陰で、その時の悔しさをバネに米国に行って必死に学び、アメリカ人大学院生を相手に米国経営大学院で（英語で）教えられるまでになりました。すべては、あの講座『速読の英語』を受講したことから始まりました。

本で読むと理解に時間がかかることでも、直接講師に教えてもらったら一発で理解できることもあります。今でも、私は時間が許す限りセミナー等で講演させて頂いていますが、学生や若手社員が背伸びして講義を受けてくれている姿を見ると、昔の自分が懐かしくなります。思わず「頑張ってね！　今理解できなくても、学び続ければ将来必ずものになりますよ！」とついつい励ましています。一流の経営者の中でもセミナーやイベントに参加し感化され人生が開けた方も多いのです。

ルール

41 毎朝経済紙を読もう

先日ある講演会で毎朝経済新聞を読んでいるかどうかと質問したところ、半数以上の人が読んでいないとのことで驚きました。更にショックだったのは、読んでいない人のほとんどが新入・若手社員だったのです。

私達が新入・若手社員だった頃は、世の中の経済を理解するのに、またその動きについて行くため、毎朝経済新聞を隅々まで徹底的に読みました。誰かからいきなり記事のコメントを求められるのが怖くて読まないわけにはいきませんでした。それでもどうして記事になったことが起きたのか、また細かい内容まで理解できず、自分の知識不足と理解力の乏しさに焦りを感じたものでした。

顧問先の会社でも若手社員と朝礼や打ち合わせなどをしている時に、少し専門的な話をするとキョトンとした顔をされます。気になって質問したら、答えられません。こちらが知らないことにビックリしていると、知らなくても「誰も教えてくれなかったからあたりまえでしょ！」と言わんばかりの顔を。あまりにひどい時は、「今朝の新聞に載ってたし、第一常識ですよね！」と厭味の一つでも言いたくなります。

ちなみに、米国のビジネスエリート達は年齢にかかわらず、毎朝よく経済新聞を熟読していました。新入社員の頃、アメリカ人上司が毎朝、経済新聞を6紙読んでいると聞き、まずいと思い慌てて真似して同じ6紙を取り、更に日系経済紙2紙追加して必死に情報を取る努力をしていました。それが日本に帰国してからも日課となり、毎朝、日本経済新聞から始まり複数の一般紙も読んでいます。新聞を出勤時間内で読み切るため、会社には車では通いません。電車のみです。毎日続けていると、お陰さまで満員電車の中でもまったく人の邪魔をしないで、端から端まで複数の新聞を読むテクニックを身につけられました。

将来会社を担っていかなければならない若手社員が、基礎的情報源である経済新聞を読まないと、その時点で負け組に入る原因を作ってしまっているのではないでしょうか。

今やスマホやタブレットがあれば、どこでも読める時代です。

新人時代は会社について行くのがやっとだとしても、経済紙ぐらいは読まないと、ビジネスの常識から取り残されることでしょう。

ルール42
いつも前向きなジョークを

これは米国に20年いたことでとても感謝していることの一つです。私は日本にいた頃、超真面目で冗談一つ言えない、つまらない人間でした。それが、ある日突然米国に行くことになり、母に「男になって来い！」「ユーモアのセンスを身につけておいで！」等気合を入れられたのです。「ええ?! 人生18年も生きてきて今さら外国行ったくらいでそう簡単に性格が変わるわけないでしょ？」と諦めムードで渡米しました。

ところがです。超根アカのアメリカ人に絶大なる影響を受けて、私は超超超（超三つ）根アカになってしまいました。挙句の果てに、唯一の長所であったA型人間的、つまりきめの細かい性格だったのが、O型中心社会であるアメリカ人に感化されて、いい意味でも悪い意味でも、ドンブリ勘定となり限りなくO型に近い性格に変身することに。

元々自分の「みみっちい」性格に嫌気がしてましたので、大変喜ばしい変身を遂げたのです。本当に米国社会とアメリカ人には感謝しています。もし米国に住んでいなければ、今でもせせこましく生きていたことでしょう。

米国で生活を始め10年位が経った頃、気が付いたら根アカになっていました。何で気付いたかと言うと、コンサルティング会社に勤めていた頃、締切とミスが許されないプレッシャーと毎日格闘していたわけですが、なぜだか元気でストレスが溜まらないのです。周りの人はストレスが限界に達し過度の心労から、ある日突然病気になったり、出社拒否したり、最悪の場合、行方不明になったりで毎週事件との遭遇でした。

私はその頃、日中はその会社に勤め、夜は経営大学院で教えたり、博士課程の学生として自ら授業を受講したりしており、殺人的なスケジュールをこなしていました。

一歩間違えば発狂してもいいくらい、緊張感溢れる環境に置かれていたにもかかわらず、毎日リラックスし、楽しく学び働いていました。日本にいた頃「融通が利かない度」「不器用度」では右に出る者はそういなかった自分にどんな異変が起きたのか、今でも理解に苦しみます。唯一思い出せるのは、**緊張したり追い込まれたりすると、前向きなジョークが自然と出て、周りの雰囲気を和ましていたこと。**それが、また次へのやる気に繋がり、困難に直面した際、参加者の団結を図るのにも役立ちました。

ルール

43

頼まれたことはすぐやろう

「A君、先週頼んだ、B商事のC社長とのアポどうなった?」

「あっ、あれはですね……、翌日C社長に電話したら留守でしたので、一応電話があったことを秘書に伝えてもらうことにしました」

「え! じゃあ、その後何もフォローしていないの?」

「いいえ、また電話したのですが、その時もいらっしゃらなかったので……」

「それじゃあ、まだアポが入ってないということだな!」

「はい、こんな調子だとアポを入れるのはかなり時間がかかると思いますが……」

「ちょっと待て、私が君に頼んだ時は、C社長と電話で話した直後だったんだぞ! 何であの時すぐに秘書に電話してアポを入れなかったんだ? すぐに電話していれば、一発でアポが入っていたはずだ!」

「すみません、そんなにお急ぎだとは思いませんでしたので……」

「普段から言っているだろう。お客様とのアポは何よりも最優先だと。今まで何を聞いてたんだ？　もういい、君にはもう頼まん！　これからは何でもすぐやってくれるD君に頼むようにするから」

「いや課長、次から気をつけますので……」

A君にはもう次のチャンスはないでしょう。本当によく起こることです。

昔から**「急ぐ仕事を頼む場合、一番忙しい人に頼め」**というルールがあります。**忙しい人は、次から次へと仕事が入ってきますから、頼まれたらすぐにやるので。**

一方、暇な人や仕事のできない人は、行動が遅い上、時間があるので後でやろうとします。しかし、**後になれば忘れるか、他の急ぎの仕事が入ってきて更に後回しに。結果的には、やるチャンスを逸してしまう。**

私も職場では戦争のような毎日を過ごしていますので、**頼まれたら本人の目の前で電話し、必要なアレンジをするよう心掛けています。**もし、その場でアレンジできなかった場合、後でも必ず実行されるよう部下に確認するなどの手を打ちます。

頼まれたことを結果的にやらなかった場合、積み上げてきた信用をすべて失います。

ルール

44 言葉ではなく行動と結果で判断

「課長、今回はインターネットでターゲットを絞り込んで集中的にプロモーションすれば短期間でかなりチケットは売れます」

「かなり売れるって、どのくらいだ？」

「たぶん5万人以上です」

「たぶん？　ターゲットはどうやって絞り込むつもりだ？」

「まだ具体的には浮かばないのですが、リストを入手すればいいと思います」

「じゃあ、どんなリストをどうやって入手するんだ？」

「すみません、これから調べます。でも大丈夫です！」

「何だ、全部まだアイディア段階か！」

「はい、でも何とかなると思います」

「何とかなる根拠は?」

「特にはありませんが、色々なところを巻き込んでやれば必ず結果が出ると思います」

「色々なところとはどこだ?」

「提携先になり得る企業です」

「もういいよ、君の言うことはいつも口先だけだから……。具体的に成果を出したことはないし実績もないのに、何でそんなに自信満々で言えるんだ? 今までと違って今回は絶対に結果を出してくれよ! そもそも君が言い出して始めたんだからな」


よく「必ずやります」「大丈夫です」と堂々と言う人がいますが、結果が出るまではそんな言葉を信用してはいけません。それが本当かどうかその人の行動を見ていればわかります。**言っていることが本当にできるのであれば、細かい裏付けや根拠となる情報が出せるはず。**聞いても出ないようであれば、「根拠のない空の自信」でいい加減なものと受けとめ、信用すべきではありません。万が一、責任者がそんな言葉をあてにして進めたら、後で大失敗になるでしょう。

提案する人は、言ったことが現実化するかどうかで、その人の真価が問われていることを肝に銘じて、「有言実行」を実践すべきです。

ルール

45

誰に対しても平等に

あなたは相手の立場にかかわらず、上司・同僚・後輩等、皆に同じ態度で接していますか？　上司に挨拶をする時の態度と後輩に挨拶を返す時の態度は、同じですか？　意外に難しいことですよね。

役職が上の幹部に対しては自然と声は大きくなり、お辞儀も深くなる。後輩に対しては、挨拶も軽い声かけになるでしょう。お辞儀も会釈程度ではありませんか。

長年米国で生活をしてきて思います。アメリカ人の良いところの一つに、**誰にでも平等に接すること**があると。矛盾するようですが、米国には多種多様な人間がいるために、現実にはまだまだ人種差別の壁は残っています。特に米国南部のテキサス州に長くいた私は、アジア人であることを強く意識しながら生活しなければなりませんでした。

だからこそ多民族が争わず仲良く暮らして行くために不可欠な、平等意識が非常に高く、人に接する態度には日常的に大変気を配っています。

誰に対してもフレンドリーで、上司に対しても「ボブ」「キャシィー」とファーストネームで呼ぶ。部下や家族に対する親しさと変わりません。もちろん肌の色や職業の違いによっても、ほとんど態度に違いはありません（やはりゴマすり人間はいますが）。

では、日本ではどうでしょうか。

単一民族国家である日本では、人種による差別は少ないようですが、その分、立場や性別、職業などの違いで差別があると私は思います。

上司に対する態度は丁寧で、部下に対する態度は雑になる。毎日事務所を掃除してくれる清掃業者さんに対してはどうでしょう。

私は日常的に誰に対しても敬語を使うように心掛けています。部下にも友人にも、家族以外の人には敬語を使うようにします。できるだけ立場の違いによって態度を変えたくないから。

誰に対しても平等に接することができる人は、どんな人でも尊敬できる人です。

どんな違いがあっても、相手を認めて尊重できる「寛容の精神」は、これからのボーダーレスで多様性の時代において、なくてはならないものだと思います。

ルール

46

部下を助けよう

当社では、小人数であらゆる業務をこなしています。少数精鋭を目指したベンチャー企業ですのでたくさんの社員を雇う理由はないのですが、小人数でやっていくことには多くの利点があると思います。

・全員暇な時間が無く忙しいけれども、充実している
・上司に頼らず、自分が責任を取る覚悟で仕事に取り組むので力がつく
・役務分担も大事だが、お互いの協力がより大事になる
・一人がいくつもの責任を持つので、大企業よりもたくさんの経験ができる

私は最高経営責任者（CEO）という立場ですが、事務所の席にじっと座っていられる時間はほとんどありません。皆にお願いしているのは、一人ひとりがCEOのつもりで、できるだけ自分で判断し実行すること。当社のようなベンチャー企業では、何でもかんでも

上司の意見を伺い、判断しているのでは仕事が進みません。たくましい責任感と鋭い判断力を養って欲しいと願っています。

その一方で、上司に相談せず自分勝手な判断をすることで、大失敗をするという場面も出てきます。そのバランスが非常に難しく、皆が悩むところです。

私が思うのは、できる限りのことは自己責任でやっていく、しかし判断に迷う時は、些細なことでも遠慮なく上司に相談し、知恵を拝借し手も借りるということ。ここを間違えると、些細なことでも大きな失敗につながり、その尻拭いに膨大な時間やお金を費やしたり、他の社員にまで迷惑をかけることになります。

心掛けているのは一旦は社員にすべてを任せ、最後の責任は全部上司が持つということです。忙しい中でも、できる限り社員の相談には乗り、助けたいと願っています。

今は上司の立場にある人も、皆かつては部下だったわけで、部下の気持ちはよくわかるはず。会社とは社内の全員が志を一つにし、共通の目標を持ち、その達成のために進んでいく場所であり、一種の戦場です。上司は部下を護り、部下は上司について行く。そして**上司と部下が信頼の絆でつながり、スクラムを組んで仕事に取り組んで行くことが競争社会の中で生き残り勝ち続ける手段だと思います。**

ルール 47 いつも笑顔で

米国でコンサルティング会社に勤務していた時に、秘書として一緒に働いてくれた日本人がいました。実に優秀で、何か頼むと先々まで配慮してやってくれるので本当に助かりました。短大を卒業したばかりで秘書としては未経験の若い女性でしたが、今まで働いてくれた部下の中ではピカイチです。

彼女に仕事を頼むと、いつでもどんな難しいことでも笑顔で受けてくれました。そして、能力的に難しいだろうなと思う書類でも短時間で見事に仕上げます。頼んだ仕事で、できなかったことは一つもありませんでした。とても努力家で、前向きな姿勢には本当に感心しました。

その後、私が独立したこともあって、彼女は他社に移りましたが、持ち前の明るさと努力でどんどんとキャリアアップし、日系の一流商社でなくてはならないベテランの現地幹部社員として働いています。

いつも笑顔を絶やさない人は誰からも好かれ幸運にも恵まれることを実感しました。

どんな時でも笑顔でいられるということは、心が常に前向きで何にも負けない強さを持っているということ。また外に向かって心が開かれているので、他人を受け入れることができるし運気を招きます。

反対にブスッとした顔でいる人は何も頼まれなくなり、好かれません。心が傲慢で自己中心的になっているので、人を受け入れられない状態になっています。心が閉じているので運も寄ってこず、当然、頼んだ仕事も満足のいくものにはならないはずです。

職場は戦場ですから、毎日様々な変化の連続。お客様に満足していただく闘いであり、弱い自分の心との攻防戦です。その中に身を置いていると、感情の起伏も激しくなるでしょうし、心もガサついてきます。そんな中にいつも爽やかな笑顔の人がいてくれたら、どんなに空気がなごみ、やる気が湧き、団結が生まれることでしょう！

笑顔は人の心を癒し、励ましてくれる魔法のようなもの。

ぜひあなたこそが職場の救世主、「いつも笑顔の人」であって下さい。

ルール

48

定期的に企画書や提案書を上司に出そう

「冗談みたいな話なんですが、ある時、前々から温めていた新規事業案を会社に出したら、採用され、そのための新部署ができたのみならず、言い出しっぺということで、その部署の責任者に抜擢されました。もっと驚いたことに、その部署の新しい部下は、3年前私が新入社員だった時の上司達なんです！」

短大を出て大手保険会社に就職した彼女は、どうしたら会社がもっと良くなるのか、就職して以来絶えず考え続けていました。そして新しい考えやアイディアが浮かんでは、企画書や提案書にして定期的に上司に見せていました。

「ほう、感心じゃないか、忙しいのに新規事業案なんか出してきて。でもこれじゃあ、うちにはちょっとできないなあ、費用対効果が悪過ぎるから」

当初、上司のコメントはこんなものでした。

それにも懲りず、アイディアが浮かんでは企画書や提案書を会社に出していました。彼女としては会社を良くしたいという一心でやっていたこと。ただ、案が採用されるとは夢にも思っていなかっただけに、本当にそのための部署ができた時は信じられませんでした。

実は会社が入社して3年も経たない彼女の案を採用したのは、案そのものが良かっただけではありません。どんな困難な仕事をする時もいつも前向きで、誰よりも努力していたことから、彼女は社内で模範的な存在となっていました。その彼女が、若いとはいえ会社のために凄い案を出してきたのです。それが社長の目に留まりこの大抜擢に。

彼女が新しい部署のリーダーになることに内定した時、既に窓際族となっていた彼女の元の上司達は、ぜひ彼女と仕事がしたいと会社に申し出たとのこと。

会社や上司というものは、たとえ若くても会社のために自分の頭で考え現実的な提案をしてくる、やる気のある社員を高く評価します。新しいことを提案することは、真剣に会社のことを考えていなければできないからです。

会社のことを思って企画書や提案書を出すのに、経験・知識・年齢・性別・部署・役職など関係ありません。どれだけ真剣に会社のことを思い働いているかです。言われていることやらなければならないことは、会社から給料をもらっていれば誰でもしますから。

ルール

49

おごってもらったら、おごり返そう

「ここはいいよ、僕が出すから……」

「ええ！　先輩いいんですか、またおごって頂いて？」

「いいんだよ、君より給料貰ってるんだから……。その分仕事頑張って！」

「いつもいつもすみません！　今度は僕におごらせて下さい」

新人の頃、上司や先輩におごってもらうことが多いでしょう。新人かつ安月給なので、あたりまえといえばあたりまえなのかも知れません。ただ、いつもおごってもらって平気なのはエチケットに反します。先輩や上司は、給料は多いかも知れませんが、その分出て行くお金も多いもの。特に、所帯持ちであれば、奥さんやお子さんに関わる出費も多いため、使えるお金も少ないはず。かえって独身のあなたの方が自由になるお金は多いかも。

それで、たまに感謝の意を込めて給料日やボーナス時におごり返すのも礼儀です。

「あいつ若いのに気配りあるなあ……。将来立派なリーダーになりそうだ」と、お株も上がることでしょう。

ただ、私もそうですが、上司や先輩によって新人や後輩に絶対おごらせない人も中にはいます。その場合、誕生日とかに何か簡単なプレゼントでもしたらどうでしょう。高価なものじゃなくてもいいのです。感謝の気持ちですから。もし本人が受け取らないタイプの人なら、奥さんやお子さん、また恋人にちょっとしたギフトを。たとえば本、お酒、花、コーヒーカップ等、もらって喜んでもらえるものを用意することをお勧めします。

大事なことは感謝の気持ち。お金やものではありません。食事や飲みに誘ってくれることは、あなたと本音で話したかったたり、部下や後輩として好かれ評価されている証拠。**その期待と評価に仕事で恩返しをし、何かのチャンスにちょっとしたもので感謝の意を表しましょう。**上司や先輩はそんなあなたをいよいよ好きになり応援したくなるでしょう。**おごってもらうのはあたりまえだと絶対に思ってはいけません。**たとえおごられるのに慣れている若手・女性でも。仕事の付き合いですから、持ちつ持たれつです。

あまり頻度が多い場合、毎回おごられると今後いっしょに行きにくいとでも言い、割勘にしてもらった方が、関係は長続きすることでしょう。

ルール

50 メモ魔になろう

「A君、先日君が言ってたあの新製品のキャッチフレーズ何だったっけ？」

「はあ、いつですか？」

「この間、京都出張の帰りに新幹線の中で言ってたじゃないか！　あれだよあれ……。もう忘れたの？」

「えっ、何でしょう？　すみません、あの時とっさに浮かんだので今すぐには思い出せませんが……」

「忘れるぐらいなら、何でメモしなかったんだ」

「すみません、そんなに気に入って頂いているとは思わなかったので……」

「君はいつもそうだよね、新人なのに、いつも大事なことをメモらないね！　何でなんだ？　私が君ぐらいの頃、先輩や上司が言うことは必ずどこでもメモしてたぞ！」

確かに言われる通り、会社や仕事の仕方になかなか慣れていない新人や若手社員であるにもかかわらず大事なことをメモしないのを見ていると、話もしたくなくなります。伝えた瞬間に忘れられるのが目に見えているから。1回ならまだ目も瞑れますが、何度も繰り返されたらもう二度とその人とはかかわりたくなくなります。

40年以上国際ビジネスに関わってきて自信を持って言えることがあります。国や年齢に関係なく一流のプロフェッショナルにはいくつかの共通点があります。その一つが、彼・彼女らは**「メモ魔である」**こと。**どんなに頭が良く記憶力の良い人でも、大事なことは必ずメモをする。**大事なポジションにいる忙しい人はなおさらです。

米国でコンサルティング会社に入社したての頃、研修で何度も教えられました。とにかく大事なことは**「ドキュメンテーション」**するようにと。

その「ドキュメンテーション」という言葉の意味がピンとこなかったのですが、先輩が書いたものを読んでいるうちによくわかりました。**誰が読んでもわかるようにメモをすること。**そのメモを読むとそのクライアント（顧問先）のことがすべてわかるようになっていました。それも「短からず長からず」で。

たかだかメモですが、そのメモの威力を痛感した次第です。

ルール

51

自然体で背伸びしよう

「やり過ぎずやらなさ過ぎず」。一昔前に常識だったサラリーマンの掟。

当時は右肩上がりの日本経済でした。今は成果を出すために徹底してやらなければなりません。日本もいよいよ本格的なプロフェッショナル（プロ）の時代に入っています。

つまり実力主義・成果主義の時代。昔はある程度満遍なくこなせる人であれば、企業、特に大・中堅企業の社長は務まりました。そこそこ優秀であれば、経営者は誰がやっても似たり寄ったりだったのです。

しかし、これからはプロの経営者としてできる人がやらなければ会社は崩壊します。山一證券、ダイエー、ヤオハン、日本長期信用銀行等、例を挙げればきりがありません。このように日本でも経営はプロがやらなければ成り立たなくなりました。今までのような売上・市場拡大主義は終わり、利益率・キャッシュフロー重視、また従業員・顧客満足度や株主への利益還元を重視した経営が必須となってきたからです。これは資本主義経済のあたりまえの原理。今までの日本経済が国際的、特に先進国から遊離していただけ。

企業において役職で組織が形成されるような形式的な経営の時代は終わりました。

今はプロとして何ができるかで組織での役割や存在価値、更には存続が決まります。正に企業は、そもそもあたりまえであるプロ集団化への道を歩み始めています。

平社員から始まって上は社長まで一人ひとりがプロとして効果的・効率的に仕事をしなければ、競争力ある勝ち組企業にはなれず生き残れません。

プロとは、「自然体で背伸びする人」です。 無理し過ぎると、その反動とストレスで長続きしません。**適度な無理、すなわち自己の限界への挑戦をしなければ、人間性や能力は高まりません。** 自然にそうできるようになるのがプロ。

国際ビジネスやベンチャービジネス支援を専門としたコンサルティング会社を私は創業しました。当時依頼主である経営者や投資家がしっかりしてさえいれば、他の一流コンサルティング会社が引き受けないような難しい仕事でも積極的に受けるようにしていました。プロ集団として能力以上に背伸びすることによって、私を含めスタッフの許容範囲を広げ、能力をより伸ばすことができると信じ実践したところ、その通りになりました。

ルール

52 プロとしての意識を持って仕事をしよう

①仕事に人生をかける人
②不可能を可能にするために限りなき努力をする人
③自分の仕事に誇りを持つと同時に謙虚な人
④先や時代を読んで仕事をする人
⑤時間より目標を達成させるために仕事をする人
⑥高い志・理念・目標に向かって邁進する人
⑦結果にすべての責任を持つ人
⑧成果によって報酬を得る人
⑨仕事において甘えのない人
⑩能力向上のために常に学び、努力し続ける人

⑪仕事を通して人間性・能力を高めていける人
⑫謙虚かつ貪欲に誰からでも学ぼうとする人
⑬仕事を通して周りの人に夢と感動を与える人
⑭仕事のために自己管理が徹底できる人
⑮尊敬できる人（メンター・師匠）を持ち、その人に徹底的について学んでいる人
⑯真剣に人材（後輩）育成している、または将来する決意のある人

これが私の一流のプロフェッショナル（プロ）としての定義であり条件です。すべてにおいて該当する人はそういないと思いますが、プロを目指す以上一つひとつチャレンジすることが大切だと思います。

人間はスタート時点（たとえば生まれた時や学校を卒業した時）では同じですが、時間の経過と共に差がつきます。それは能力や資質によることなのでしょうか。その差は高い志をもって夢を実現させようとする日々の努力にかかっていると、私は思っています。

プロと言うと、ただ単にその道を極める人と思われがちですが、**その極めていく過程の中で人間性を高めていくことが本当のプロ。**たとえ新人でも、お金を貰って仕事をするのであれば、その人はれっきとしたビジネスのプロなのです。

ルール

53 言われる前に自分から率先してやろう

人間というものは、とかく自分中心に考えがち。

仕事をする上でも、やはり自分のペースで進めたいもの。上司から「あの書類はまだか？」と言われると、「今やろうと思っていたのに！」と憤慨してしまいますよね。

ある意味「自分中心」で人間社会が成り立っているとするならば、仕事も自分中心で進めていけるリズムを自分で作ればいいのです。「言われる前にやる」というリズムを。

会社はあなたを雇用した以上、当然のことですが、あなたに給料に見合うだけの働きを期待します。それはあなたも納得済みで就職したはず。

そして、あなたが期待以上の働きをしたら、その報酬として昇給があり、昇進があるわけです。ならば、常に知恵や勘を働かせ、上司が何を望んでいるのか、会社が何を自分に要求しているのかを一早く察知して専念したほうが得ですよね。

「勝ち組」「負け組」という言葉があります。本当の人生の勝ち負けは最期までわかりません。勝敗は人生の一場面だけでは判断できません。

しかし、色々な人生の局面で、あなたの選択の価値判断が正しかったか間違っていたか、つまり損をしたのか得をしたのかということの集大成が、最終的な勝ち負けを決めていくのではないでしょうか。

そう考えると、一日一日、仕事の上でも「勝ち組」を目指して努力をしたほうが得です。

上司に言われなくても早く出勤して掃除をする。自分の仕事以外のことであっても、何かできることはないか、常に考えて行動する。「そんな面倒臭いことをするなんて、マジメに働いても損だ」と思うかも知れませんが、これは会社のため人のためのようで、実は自分のためになっています。**何事も率先してやることが、上司に認められ、周りの人からの高い評価となり、必ずあなたが得することになります。**

つまり、ちょっと知恵を働かせ、機転を利かせて人より多く働くことは、一見損をしているように見えますが、実は全部自分に返ってきて得をするという、究極の正しい「自分中心」の生き方になっているのですね。

ルール

54

人に変わってもらいたければ、まずは自分が変わろう

あなたの周りに相性の合わない人、どうしても一緒にやれない人はいませんか。もう少しこうであってくれればと思う上司・同僚・部下とか。気の合わない人、顔を合わせると、必ず嫌味なことを言う人がいますよね。避けて通れる関係ならいいですが、そういうわけにもいかない場合、どうすればいいのでしょう。

あなたとすれば相手に変わってもらいたいと思うでしょう。しかしそれは相手もあなたに対して思っていること。ではどうしましょう。

こういう時、私は次のことを思い浮かべることにしています。

仏教の教えで**「依正不二（えしょうふに）」**という言葉があります。これは、業の深い人間が集まる娑婆（現実）世界で、いかにしてより良い人間関係を作っていくかということの答えになっています。簡単に言うと、**自分と自分の周りを取り巻く環境は、自分と別のも**

のではなく一体であるということで、**周りに起きる出来事も周りにいる人間も、すべて自分自身の心の状態を映す影なのだ**ということです。

自分が動けば影も動く。影に合わせて自分が動くことはありません。というように、**「環境を変えたかったらまず自分を変えよ」**という原理。

初めてこの言葉を学んだ時、「なるほど！」と思いました。相手を変えるのは難しいことですが、自分を変えることならすぐできますね。

先日、ある会社の新人社員さんより職場の上司とうまくいかないという相談を受けました。いつも高飛車で、自分勝手な命令ばかりする上司についていけないとのこと。

「あなたが少し心を広げて、上司の誕生日などにちょっとした贈り物をしてみては？」とアドバイスしました。

彼は、用事がない限り話しかけるのもイヤなその上司の誕生日に、意を決して小さなギフトをしたそうです。すると上司は意外そうな顔をしましたが、喜んでくれたとのこと。それからはたまに笑顔で声をかけてくれるように変わったそうです。

ちょっとしたことですが、**相手より心を広く持ち、まず自分が変わること**ですね。

ルール

55

まず相手の意見を聞こう

「一を聞いて十を知る」

この言葉を聞いたことはありますか？　その人が何を言おうとしているのか、ほんの一言で理解してしまうこと。確かに効率的ですね。でも一を聞いて理解したことが本当にすべて合っていたかどうかは、全部聞いてみないとわからないのです。

ですから、**まずは相手の話をすべて聞くこと**です。たとえば、最初の一言で自分の考えとはまったく違う意見だったとします。そこで「それは違う！」と否定してしまったら、その意見を導き出した理由まで理解できなくなってしまうものです。

もしかしたら、途中までは同じ考え方だったかも知れません。同じ考えなのに、結論が違っているとしたら、その導き方を学ぶことで、自分にとっても新しい思考方法を学ぶことにつながります。

コミュニケーションやプレゼンテーション能力を売り物にしている経営コンサルタントの世界でも、**まず相手の意見を聞き、その内容を正確に掴む能力**が非常に大事とされています。

たとえば仕事上で上司の指示を話半ばで理解した気分になって、勝手に進めてしまったとします。さて仕事も全部指定された時間よりも早く終わったと思い、上司に提出しました。ところが、肝心な部分が違っているのです。そうなると、勿論やり直し。結果、指定された時間よりも膨大な時間を使うことに。

上司の評価はどうなるでしょう。

「一を聞いて十を知る」とはほど遠い、「話をきちんと聞いていないヤツ」と思われることは間違いありません。

最後までしっかり話を聞いておけば、効率良く、最初から正しい仕事ができていたかも知れません。きちんと指示された仕事を効率良く、そして正確に行うことこそが、経験の浅い若い世代の社会人がまず求められることです。

「早合点」は褒められるものではありません。誰にでもできることだけど、なかなか誰にもできない「最後まで話を聞く」ことが人から評価される第一歩なのです。

ルール

56

会いたい人にはどんどん会おう

色々な本を読むと、実際に経験していない知識が身に付きます。たとえ恋愛小説でも。様々なことをすべて自ら体験しなければならないとすると、何度も人生をやり直さなければならなくなります。

それなら、著者の、または考えた人生を擬似的に頭の中で体験すればいい。主人公になってもいいでしょう。主人公の親友でもいい。またライバルでも面白いかも。

ただ、小説だとどうしても自分の思ったように登場人物は動いてくれませんし、自分の疑問にも答えてはくれません。やはり生身の人間に会って聞くほうがベターです。

テレビに出ている人に意見が言いたいと思っても「そんな機会はない」と諦めていませんか。その人のWEBサイトを見てみて下さい。講演会のスケジュールが載っていませんか。そしてディスカッションの時間はありませんか。芸能人等とは意見交換する機会は少ないかも知れませんが、作家や評論家、ジャーナリスト等は意外とできる機会はあるものです。

また、仕事上で会いたい人もいるでしょう。**会いたいと思ったら、まず連絡してみましょう！**　とにかくお願いしてみて下さい。相手があなたのその積極性や勇気を高く評価してくれることもあります。会いたい人に会えたら、その人になぜそんなに会いたかったのかがわかります。空気というのでしょうか。不思議と波長のようなものがあるので。

私は、学生時代から相手が有名人であろうと、会いたいと思った人には必ず会うようにしてきました。たとえば、経営学を勉強していた時、その道の世界的指導者、ピーター・ドラッカー博士やエドワード・デミング博士の本を読み、実際に直接質問をしたくて会おうと思いました。周りの人に相談したところ、会ってもらえるわけがないと言われましたが、勇気を出して会いに行ったら、すんなりと会ってもらえました。彼らの本でわからなかったことを伺ったところ、具体的かつ丁寧に説明頂けたので深く理解・納得できました。その面談はその後の勉強や仕事に大きな励みとなっています。

人に会うことは、頑張れる原動力を得るのみならず、自分の経験や人生を豊かにしてくれます。また、**人の経験談を直接伺うことは、自分の経験にもすることができます。**

ルール

57

発言は短くポイントをついて

人前で発言する時、緊張して説明が長くなったり、反対に周りの目が気になり過ぎて、発言自体を止めてしまったりする人がいます。

これは外国語を学ぶ日本人とよく特徴が似ているんです。「間違えたら恥ずかしい」「反論されたらどうしよう」との発想から「それなら話しかけない方がいい、話さない方がいい」と。極度に反論を怖がるため、却って説明がダラダラと長くなりますし、間違えたら恥ずかしいと思うことから、曖昧な表現に終始してしまう。

「この商品は、軽量化するために塗装も内部も軽く作っています。軽いと言っても、別に単純に薄くしたわけではなく、○○という技術を使い、この技術はうちで開発したんですけどね。あっ、軽量化したからと言って、壊れやすくなったわけじゃないですよ。それに小型化もできたので、持ち運びにも便利ですよ。それと……」

これはありがちな商品説明。でも、これではその商品の一番の売りがなんだかさっぱりわかりません。

「何よりも軽くしたことがこの商品の一番の特徴です。軽量化し更に小型化にも成功しました」だけで十分伝わります。軽くしたから壊れやすくなるとすぐに考えることはないでしょう。質問されたら答えればいいのです。

「どうやって軽くしたの？」には「塗装面と基盤の軽量化です。強度には問題ありません」この方がこの商品は、「軽くて小さくなったけど、壊れないんだ」という特徴が伝わりやすいですよね。何が違うのでしょうか。

一番伝えたいことをポイントを付けて短く伝える点です。**1回の発言で言いたいことは一つ。発言は短ければ短いほど伝わりやすくなります。**細かい説明は後で十分できますし、技術的なことなどは言葉で聞くよりもパンフレット等で読んだ方が理解しやすいもの。

すべての情報を整然と伝えようとするのではなく、一番伝えたいことを短い発言でポイントをついて伝えること。これが相手に伝わりやすいテクニックなのです。

ルール

58 まず整理整頓から

社会に出ると、一つだけのことに関わっているわけにはいきません。仕事もです。一つのプロジェクトに集中したとしても、担当している会社や商品・サービスは多岐にわたっているのが「普通」のこと。

つい、スケジュールが押してくるとしてしまうことに、「上にどんどん重ねる」ことがあります。終わっていない作業がありながらも、次のものに手を付けなければならない場合、終わっていない作業をそのままにして、その上に新しい仕事を積み上げる。2つや3つなら、何とかまだ対応できるかも知れませんが、4つ以上になった時を想像してみて下さい。

また、積み上げるだけではなく、「場所をどんどん広げる」こともあります。デスクの上だけではなく、デスクの下や横にあるキャビネットのスペースにまで広げ、しかも重ねていったとしたら……。何がなんだかわからなくなるでしょうし、重ねたものは、いつかは雪崩を起こすことでしょう。

周りを見回してみて下さい。スマートに仕事をこなし成果を上げている人、即ち仕事のできる人は、デスク周りが整理整頓されていませんか。会社から退社する時、デスクの上がきれいな人に仕事のできる人が多いのではないでしょうか。当社でも整理整頓できている人ほど仕事が速く正確です。

同じプロジェクトの中の仕事であれ、とりあえず一つの作業から次の作業に移行する時には、きちんとファイリングすること。「いちいち片づけるのは手間が掛かる」と思うかも知れませんが、騙されたと思ってやってみて下さい。実は、結果的にはその方が、効率が上がります。加えて**整理整頓することによって、仕事の流れを再確認することにもなるのです。**

更に**会社から退社する際には、デスクの上をきれいに整頓すること。**それだけで気持ちがリセットされて、オンとオフの区別がしっかりつきます。この区別が次の仕事への活力となります。

整理整頓は効率的に仕事をする上でも、また職場での精神衛生上必須条件です。

ルール

59

まず何のためにやるのか考えよう

上司に何か仕事を頼まれたとしましょう。たとえば資料集めだとします。単純に日曜日午後5時から午後10時までのテレビ番組毎の平均視聴率を調べることになりました。これは、インターネットや各テレビ局等で調べることは可能です。もしかしたら1時間もかからないかも知れません。でも、それではアルバイトの人や高校生でもできることです。

社会人なら、また評価してもらいたいなら、ここで一つ頭を働かさないといけません。それは、**「上司が何のためにその時間の視聴率を欲しているのか」を考えること。**ただ数字を示せばいいのか。本当はそれだけでいいのかも知れません。

たとえばスポンサー名や番組の出演者等を書き添えてあると丁寧ですね。丁寧というだけではありません。もしかしたら、後で必要になるものなのかも知れないのです。

ある指示をされたら、その指示は何のためかを考えましょう。

「何に使う資料なんですか？」と一言質問してみてもいいでしょう。

英語力・専門能力もなかった私が、米国の大手コンサルティング会社でスピード出世できたのも、上司がこの点を高く評価してくれたからです。何か頼まれる度に、上司が何のために必要としているのかをまず把握するようにしました。

私の仕事は質的には高いものではありませんでしたが、彼・彼女らにとって一番必要な情報を提供し続けたことによって、部下としての満足度はかなり高かったと後で聞きました。

まず自分を上司の立場に置いてみることができるかどうかがポイントです。自分だったら指示したもの以外に何があったら更に効率的で助かるか。そこに気がつくか。これこそが重要なのです。

お茶を出す時でも、この気持ちがあれば変わります。夏だからといって冷たいものでいいのか。そうでもない場合もあります。冷房が効いた車でずっと移動してきた場合、体が冷えていて温かいものを飲みたくなるもの。

そんなことも、ちょっとした頭の働かせ方次第で浮かんできます。ですので、**絶えず自分を相手の立場に置き換えて考える癖をつけましょう。**

ルール

60

前向きに生きている人とのネットワークを広げよう

人は互いに影響し合って生きています。たとえ孤独な一匹狼を気取っていても、一人ではない。孤独を感じるのは、自分以外の人がいるから。ということは、何らかの形で影響し合っているということです。

どうせ影響し合うならいい影響の方がいいですよね。いい影響とは、いい生き方をしている人に影響されるということ。いい生き方と簡単に言っても何がいい生き方なのか、それが難しい。そこで一番手っ取り早いのが**「前向きに生きている人を探す」こと**です。所謂**「ポジティブシンキングの人」**。

ここで間違えてはいけないのが、単なる楽天家とか、結果を考えずに突き進むだけ進み、失敗してもその失敗の原因を考察しないという、ただの向こう見ずな人を前向きな人と捉えること。これは明らかに違います。

最悪な結果まで予測して、そうならないように考慮しながらチャレンジしていく、また万が一その最悪の結果になったとしても、そこで思考をストップすることなく、二度と同じことのないよう自分なりに考え手を打っていく人のことです。

そういう人達が周りにたくさんいたら、色々な前向きな考え方や言動で影響を多く受けることになります。どうやってポテンシャルを見出すのか、モチベーションをどう保つのか、緊張感はどうしたら和らげられるのか。そのような、学校では教えてくれないことを啓発し合えるのです。

前向きに生きている人の周りには必ずと言っていいほど、社内外に前向きに生きている人たちが集まります。「類は友を呼ぶ」ですね。

周辺に前向きな人たちのネットワークを作っておくと、その数はどんどん増えていきます。仕事のヒントとなる何かが得られるかも知れませんし、重要な人脈が作れるかも知れません。

人は一人では生きていないのです。どうせなら、前向きな人たちとできるだけ時間を共有し行動を共にすることをお勧めします。気がついたらあなたも「前向き人間」になっていることでしょう。正に「朱に交われば赤くなる」ですね！

ルール

61

電話対応能力を高めよう

ファーストインプレッション、つまり第一印象がとても大切だということは、経験から知っていることと思います。特にビジネスの世界においては、「声」の第一印象は大事です。

いきなり相手を訪問することは少ないでしょう。まず、電話やメールで相手の都合を伺い、その後、時間を設定して会う。第一印象は重要なので、実はこの電話での対応は要注意です。

たとえば、自分が直接お話する予定の人でない場合でも同じ。

同僚宛に、取引先の人から電話があったとします。その時に同僚が外出だった場合、あなたはどう対応しますか？

「あいにく外出しておりますが、お電話があったことをお伝えしましょうか？」

そのような問いかけに、相手は、「いえ、またかけ直します」と言ったとします。

そこでそのままにしてしまうようなら、電話対応能力が低いと言えます。

どんな時でも、「どこ」の「誰」から「何時」に電話が入り、用件を含め、「どんな話」をしたかはメモに残すべき。「かけ直す」と言われた場合でも、「かけ直すとのことでした」というメモを残せばいいのです。この電話をかけてきた相手は、実は既に数回電話をしている場合もあります。そのつど「かけ直す」と言っていたとしても、メモが残っていれば、折り返すこともできるでしょう。

迅速なコミュニケーションを要求されるコンサルティング業界では、すぐに連絡しなければならない緊急事項も往々にしてあります。私の場合、いつ誰から何の用件で電話がかかってきたか等を部下にメモか携帯メールで通知してもらうようにしています。場合によっては会議中でもすぐに中座して即電話を折り返すこともよくあります。

電話での対応は大事な印象です。声の調子だけでなく、言葉遣い、そして電話を切った後の対処も重要です。

ルール

62

電話に出られない場合は「接客中」と伝えてもらおう

実際にあったケースです。

「お電話ありがとうございます。株式会社○○○でございます」

「△△△株式会社社長のAと申しますが、B専務をお願い致します」

「いつもお世話になっております。あいにく、ただ今Bは会議に出ておりますが……」

「それでは、C常務かD部長はおられますか？」

「申し訳ございません、CもDも同じ会議に出ております……。戻りましたら、お伝え致しますが、何かご伝言はございますか？」

「う〜ん、困ったなあ……、ちょっと急いでおりまして。何時くらいにその会議は終わりますか？」

「もう終わる予定ですが、長引いているようでございます」

「わかりました。それではどなたか戻られましたら、△△△社のAまで至急電話頂きたいとお伝え頂けますか？」

「かしこまりました。そのようにお伝え致します」

この後、会議を終えて、B専務、C常務、D部長は戻ってはきましたが、会議が長引いたことから、3人とも遅れてしまった次のアポに飛んで行ってしまったのです。ですので、A社長には電話できませんでした。

これは非常に問題。なぜなら、△△△社は〇〇〇社の大口顧客候補であり、A社長は実は取引の提案書の件で至急誰かに連絡を取りたがっていたのです。〇〇〇社には社内会議で誰とも連絡とれず、その後も連絡がもらえませんでした。つまり「あなたからの電話より社内イベントの方が大事です」と言われたようなもの。結局、よくある話ですが、気を悪くしたA社長は内定していた〇〇〇社との取引を白紙に戻しました。

このような場合、正直に「会議中」と言うより「接客中」と伝えるべきです。相手は、接客なら自分と同等（顧客）とのアポであるため、顧客を大切にしているとの理由から納得できます。即ち顧客に敬意を払っているのです。「嘘も方便」とはこのことでしょう。

ルール

63 仕事を楽しめる自分なりの方法を見つけよう

1日24時間、1週間で168時間となります。毎日7時間睡眠をとったと仮定して、睡眠時間の週合計が49時間です。起きている時間だけを考えると1週間に119時間しかありません。毎日1時間残業するとして、仕事をしている時間は9時から18時（昼休み1時間）、月曜日から金曜日とすると、1週間で45時間。通勤で往復1時間半かかると想定すると週7・5時間必要。週の半分は完全に仕事で使われている計算になります。しかも、仕事が終わってすぐに自分の時間かと言えば、職場の付き合いもあるでしょう。となると、月曜日から金曜日は、起きている時間はほとんど仕事に費やされています。

起きている間、こんなにも仕事に関わっているのですから、嫌々仕事をするのは、あまりにも時間の無駄。もっと言ってしまえば、人生の無駄・不幸になります。どうせ同じ時間を過ごすなら、楽しまないともったいないですね。

どんなに辛いことがあっても、無理矢理笑顔を作れば、ＮＫ（ナチュラルキラー）細胞という腫瘍細胞を融解する機能を持つ細胞の数を増やすと言われています。すべてが「病は気から」というわけではありませんが、気持ちの持ちようで多少の変化は望めるということでしょう。

仕事の多くは辛いもの。数字で競わなければならない仕事もあります。よりよいアイディアで他社と戦わなければならないことも。時間との勝負という仕事もある。相手を蹴落とすという職務では、楽しいと感じるよりも辛いと感じる人の方が多いかも知れません。

そういう場合、**ほんとうに小さなことでいいので、仕事の一端でも好きになる努力をしましょう。**工夫して好きになるのです。営業に行くその電車の中が楽しい、でもいい。自分のアイディアが、最終的にユーザーが喜んで使っている、ということをイメージするだけでも、喜びに変わるかも知れません。

とにかく楽しめる部分を探しましょう。そのうち無理なく楽しめるようになるので不思議です。そうすれば、また他の楽しい部分が見えるようになり、最終的に仕事全体が楽しく感じるようになります。

ルール

64 何事にも、誠実に対応しよう

ある時、営業に配属になったばかりの新入社員が先輩に付き添って飛び込みで営業先候補の会社を訪問しました。着くなり先輩から一喝。

「僕も入社してすぐに一人で営業やらされたから、君もここからは一人でやってごらん」

「はっ？　先輩、それは……。まだ営業の何もわかっておりませんが」

「何言ってるんだよ、既に営業研修を受けて営業の実演をやったでしょう？」

「は……い……。でもあれはあくまでロールプレイでしたので……」

「いいからやってごらん！　そうじゃなきゃ、いつまでたっても営業できないぞ！」

「……」

その会社の受付前で、こんな会話をしていた時、そこの社長が帰ってきました。

「お帰りなさいませ、社長！　先程からこちらの方が社長にご挨拶したいと待っておられますが……」と受付譲が紹介してくれました。

「何でしょう?」

「はい、人材紹介業をやっております◯◯◯株式会社のAと申します。新任でこの地域担当となりましたので、ご挨拶に参りました」

「それはわざわざありがとう。ただ、うちは紹介会社を使わないから、悪いけど遠慮しておくよ」

こんな会話から始まった心もとない営業だったのですが、なんとそのAさんはこの3ヵ月後にその会社から仕事をとってきました。理由は簡単。毎日のようにその会社に行き、何でも困っていることのお手伝いをしたため、社長はその新人のひたむきな態度からくる誠実さに心打たれたとのこと。遂に専属でその会社との契約を獲得。

私も同様の経験があります。米国で新卒として入社間もない頃、ひたすら営業先企業の社長さんの相談に乗りお手伝いしたところ、私の初めての顧客になって頂きました。ビジネスの上で必要とされている経験・知識・自信は当時まったくありませんでしたので、先方からの質問やリクエストにただひたすら全力で応えるだけでした。その時、国は変われど、**誠実は最高の戦術であり営業ツール**だと痛感しました。

ルール

65 先輩に敬意を払おう

仕事ができる先輩、あまり芳しくない先輩、優しい先輩、冷たい先輩等様々な先輩がいます。すべての人に同じように対応するのは難しいでしょうし、それを推奨しようとは思っていません。恩を受けた人にはそれなりの対応をするのはあたりまえ。

ここで言いたいのは**「一日の長」**ということです。自分よりも長く生きている人のことですが、仕事面で1年2年は大きな差です。それだけ色々な経験をどんなタイプの先輩もしてきているということ。

それだけをとっても、どんなタイプの先輩に対しても、敬意を払わなければならない理由はわかるでしょう。

「年長者を大切にしろということですね?」

それもあります。ただ単純に大切にしろというのではありません。**意見の対立があった**

としても先輩の意見をよく聞き、その意見を自分でも再度考察・検討してみる。様々なシミュレーションをすることも。**相手の意見をきちんと理解、検証した上で、自分の意見が正しいと導き出されたのなら、それを冷静に論理的にきちんと話す。**

単純に「年上の言うことを聞く」のでは敬意を払ったことにはなりません。きちんと理解、検討する努力をしてこそ、敬意を払うことになるのです。

無理難題を言われることもあるでしょう。それでも「検討」してみるのです。その態度は必ず先輩に伝わるはずです。

米国でコンサルティング会社に入社した時、私の能力は他の新入社員に比べ著しく劣っていました。アメリカ人の先輩方が、経験・知識・専門能力・英語力のない私になぜ高いレベルの仕事を頼んでくるのかわかりませんでした。当初は「苛めかなあ?」と。

しかし自分が部下を持つようになってわかりました。先輩方の厳しさがあったからこそ必死に自分を磨くことに専念できたのだと。今は本当にあの先輩方には感謝しています。

敬意を払うとは、盲信することでも、服従することでもありません。そこをしっかり理解した上で、先輩に敬意を払った行動をするのはとても重要なことなのです。

ルール

66 毎日、To Do Listを作ろう

仕事を覚えたての頃は、とにかくやることがたくさんあり、時間に追われる日々になります。それもある意味では致し方ないことでしょう。

ただ、毎日何のために何をやっているのかを考える暇もなく、ばたばたと過ごしてしまっては、仕事を覚えるにも非効率。そのため、**会社に少し早めに行って、「今日やるべきこと」リスト（To Do List）をまず書き出しましょう。**最初はそれだけでいいです。終わったものから線を引くことで消していくといいでしょう。

とにかく、**何をするのかを理解するために書き出すことが必要です。書き出すことによって曖昧だったことがより明確になります。**

その作業に慣れてきたら、優先順位を付けていきます。仕事というのは時間とともに変化しますから、リストを作ったとしても途中で変わることは普通です。従って変更には柔

軟に対応します。優先順位も同様で、朝考えた優先順位に縛られることはありません。

自分が考えていた優先順位と、実際の差がわかるだけでも十分リストを作った価値がありますし、仕事を進めていく上で大きな効果があります。

米国の一流のプロフェッショナル（弁護士・会計士・ビジネスパーソン・バンカー・技術者・研究者等）や経営者は、このリストを作りと管理を毎日しっかり行っています。また、多くの米国企業は社員にリスト用紙を定期的に配っています。日本でも生産性を重視している職業であればあるほどこのリストを利用している人は多い。

仕事の流れも優先順位も覚え、柔軟に対応できるようになったとしても、リスト作りは続けましょう。人間は万能ではありません。つい忘れてしまうことだってあります。リスト作りは習慣化するといいでしょう。1冊のノートを作れば、仕事の一連の流れも読めるようになります。

他の仕事で何かつまずいた時に、そのリストノートに解決のヒントが隠れているかも知れません。

すべての経験を100%覚えていることはできません。書き留めておけば、いつか役に立つこともあるのです。

ルール

67 他人と比較しない

受験戦争、競争社会、新階層社会、ヒエラルキー、これは比較が元になっている言葉ですね。受験戦争も自分との戦いだけではなく、他の受験生よりも1点でもいい点数を取ることを目標に勉強して、試験を受けないといけません。同僚との出世争いもそう。

でも他人と比較して自分を評価するということの意味を考えてみましょう。他人がいなければ、評価の基準がないということに。「あの人と比べて自分は」と。

では自分自身、個人ではどうなのか、という絶対評価はそこにはありません。

目指すべきは「あの人はこういう人だ」という評価。誰かを目標にするのも、誰かをライバルにするのも悪いことではありません。それが自分を磨く原動力になるのですから。

競争相手を想定してはいけないということではなく、それだけになってはいけません。

他人と比較した偏差値教育やすべて満遍なくこなすことを重視する教育に合わなかった

私は、日本では超劣等生でした。それが米国に行った途端、劣等生ではなくなりました。

私はある分野の数学だけが大好きで、ある程度できましたから、それが米国では高く評価されました。ですので、その分野の勉強は好きで努力するため、さらに好きになり力もつき、どんどん成果を出していく私への評価は段々高まりました。その分野で世界的に認知頂いた時は、さすがに学者の道も考えました。

米国に行って最大に得たことは自分が他人と比較しなくなったこと。また他人と自分を比較させないことがこんなに気楽で自分らしさが出せるとは思いも寄りませんでした。

自分への絶対評価があれば、目指すべきものもはっきりと見えてくるでしょう。やるべきことも見えるはず。絶対評価同士で他者が、勝手に比べてくれるのは構わないのです。**自分自身の中では、常に「自分を磨く」ことを心掛け、絶対評価を上げていくことに努力すべきです。**比べるべきは、去年の自分と今の自分、そして来年の自分です。

そうすれば、たとえば配属先が変わって、転勤となっても、また転職しても、絶対評価はついてきます。自ずと自信にもつながってくるものです。

ルール

68

決断は素早く

時代は正に「タイム・イズ・マネー」に。株式市場でも、ほんの数分の違いで大きな差が出ることはよくあること。この20年でインターネットが世界中を網羅し、世界の距離・時間を短くしてしまいました。「即断・即決・即実行」が何よりも望まれる社会になったといっても過言ではないでしょう。

こういう話をすると、とにかく勘やインスピレーションで行動すべきと受け取る人もいるのですが、そんなことを言っているのではありません。

熟考することの大切さは変わりません。大きな勝負をする場合には特に熟考しなければいけません。取り返しのつかないことになる可能性があるから。そして答えが出たら、素早く行動する。

熟考とは長い時間をかけて考えることではなく、深く考えるということ。今の時代、考える時間は短い方が良いのですが、だからといって浅く考えて良いわけではありません。短い時間で深く考えるためには、訓練が必要です。

大学を卒業し、米国のプロフェッショナルな世界に飛び込んで愕然としました。あまりに多くの問題が連続的に発生し、即決、実行しないと更に問題が起こるのです。どんどん決めて動かなければ次々に問題が出てきて、やらなければならないことも増えていく。下手をすると睡眠時間もなくなります。その時思いました。プロフェッショナルの証は、**限られた時間内に深く考え、できるだけ正しい決断を素早く下せること**だと。

まずは、どんなことでも短い時間で深く考え決断することを実践してみましょう。

たとえば、今日身につけるネクタイ。最初は3分とか時間を区切って、「今日会う相手の趣味は？」「天気は？」等次々に関連することを考慮して決める。ランチのメニューでも構いません。「夕飯を食べるのが何時くらいになる予定か」「消化に良いものの方がいいのか、それとも腹持ちの良いものにするのか」。そんな身近なことでの決断でも訓練はできます。あまり難しく考えずに、肩の力を抜いてやってみて下さい。そうしていくうちに、ものを少しずつ掘り下げて考える能力がつき、そして素早く決断・実行できるようになるはずです。

ルール

69 電車・エレベーター内や他人の前では電話しない

携帯電話が普及して20年以上が経ちます。最近では幼稚園児・小学生までもが携帯電話を持っています。本当に少し前までは、外出先で電話をかけなければならない時には、公衆電話を探したもの。後ろに人が並んでいたりすると、可能な限り会話を短くしようと工夫しました。また、すぐ隣で電話をしている人もいるので、結構小声を心掛けていたのではないでしょうか。

ところが、携帯電話が普及してから、皆さんがどこでも電話できるようになった代わりに、周辺に気を遣うことを忘れてしまったようです。電車の中で未だ呼び出し音を大音量で鳴らしている人もいます。こういう時には、「最近の若者は」と言うのでしょうが、呼び出し音を大きく鳴らしているのも、大声で話している人にも、世代差はないようです。

日本人は「恥の文化」を大切にすると言われてきました。恥ずかしいことは人前ではしなかった。「恥の文化」は語学を学ぶ時には足かせになっている部分もありますが、公共の場を考えると、こと携帯電話に関しては「恥の文化」を持ち続けてほしいものです。電話の内容がプライベートなら、プライベートを他人の前でさらけ出すことになりますし、仕事の話なら極秘事項を自ら他人にバラしていることに。

少なくとも、電車・バス等の公共の交通機関やエレベーター等の密閉された空間では、電話するのはやめたいものです。留守番電話機能もついていますので、降りた後に折り返し電話できるはず。どうしても受けなければならない電話だとしたら、出ることはやむを得ないかも知れません。が、その場合も**「5分以内に折り返します」と伝え、すぐに切りましょう。**電車だったら次の駅で降りればいいですし、無理なら電話できる時間を相手に伝えればいいだけ。

本当に今すぐ、という要件は意外と少ないはず。昔は携帯電話がなかったため他人の前で話すことはなかったのですから。携帯電話を使うなというのではなく、使う場所を考えて、マナーを守って利用したいものだと言っているのです。折り返し電話をすることは難しくありません。どこでも大声で話している人って格好悪いと思いませんか？

ルール

70 締め切りや約束は絶対に守る

物事にはすべて終わりがあります。仕事もそう。期限が必ずついてきます。また、人との付き合いには、約束というものもあります。

期限や約束を決めた時に必ず同意しているはずです。双方が「その日にできる」「可能である」と同意した結果、決められたもの。一方的に押しつけられたものであっても、やると決めた時点で、同意したということになります。

となると、同意したことは実行すべきです。**「決めたことは無理をしてでも絶対に守る！」ことが基本。**

とはいえ、守れなくなる事態も発生します。さぼっていたわけでもなく、忘れていたわけでもないのに、どうしてもその期限を守ることが不可能になってしまう。たとえば、事故にあって入院してしまった等の不測の事態。それでも、自分の代わりの人をすぐに探して、期限はできるだけ守るべきです。

不測の事態が起こった場合、すぐに何をするべきか。**わかった時点で速やかに先方に連絡する。なぜ約束や期限を守れなくなってしまったのか、その分どういう形式を取るのか等、フォローの提案をきちんと提示し、相手に受け入れてもらう努力をしましょう。**

学生と社会人、特にプロフェッショナル（プロ）との大きな違いの一つに、締め切りと約束を守ることへの厳格さがあります。米国の経営大学院（ビジネススクール）でＭＢＡコースを教えていた頃、この差を幾度となく経験しました。

たとえば、宿題やレポートの課題を出すと、昼間働いているバンカー、弁護士、ビジネスパーソン等は絶対にやってきました。仕事や病気などでクラスに来られない時でも、事前に連絡があり、大学の私の部屋まで届ける等のアレンジをします。

一方、時間があるはずのフルタイムの学生は、宿題やレポートを忘れたり、時間があるのにやってこなかったりしました。結局、時間ではなく、自覚とコミットメントの違いだったのです。

ルール

71 感動したことを話そう

本を読んだり、演劇を観たりしたら感動することがあるでしょう。その感動した感情はどうしていますか。誰かと一緒に映画を観て、本当の気持ちを隠して相手に合わせたりしていませんか。

自分の気持ちを表すことは、簡単なようで難しいもの。小泉純一郎元首相の言葉で「感動した！」というのがありました。ケガを押して土俵にたった元横綱貴乃花が優勝を決め、トロフィーを受け取る際に叫んだ一言。

「痛みに耐えてよく頑張った！」と。このようにどんなことでも感動したら、その理由があるはずです。

感動を人に話すことは、その時の自分の感情を説明する必要があります。わかってもらうため、共感してもらうためには、整理して話さないといけません。感情的に話しているだけでは伝わらないので。同じ映画を観ている人ならば、ある程度、雰囲気で伝わる可能性はあります。しかし同じことで感動していなかった場合は、「自分はどんな理由」でそこに感動したのか、わかるように説明しなければいけないでしょう。

小説はなおさら難しい。文字だけを追うわけですから、たとえ同じ本を読んでも、イメージする登場人物の容姿・印象等はそれぞれ違うでしょうし、部屋の作りなども違っているはず。

その中で物語を説明し、感動した箇所を伝え、そしてどうして感動したのか相手にわかるようにするのです。

なぜ、感動したことを話さなければならないのでしょう。感想文を書けばいいと思う人もいるでしょう。果たしてそうでしょうか。相手がその場にいないと反応はわかりません。**仕事でも説得しなければいけない場合には、相手の反応を見ながら秩序立てて語らなければならない場面はたくさん出てくるのです。**

自分の感動したこともきちんと説明できないようでは、仕事上相手を納得させることは難しいと言えます。**しっかり状況等を整理して説明し、相手を説得する。その訓練のためには、感動したことを人にきちんと伝えることは効果的です。**

ルール

72

夢を持って思い続けよう

子どもの時に、あなたは何になりたかったですか？　パイロット、野球選手、看護士、保育士？　様々な夢があったと思います。その夢と今の職業は同じですか？　よく言われます。

「子どもの頃の夢なんて、叶うものではないよ！」

本当にそうですか？　子どもの頃になりたかった夢の職業に就くために、どれだけ努力したのでしょうか。努力してもなれないものもあります。プロ野球選手やサッカーのJリーガー等、努力でどうにかなるものではありません。でも、**夢に向かって努力をするということは、その夢が叶わなかったとしても、次の夢や目標に向かう原動力になったりもするもの。**さらに、**十分な努力をしたという事実は、結果いかんにかかわらず、大きな自信と貴重な経験となって身に付いているはずです。**

私の夢は歳とともに変わりました。小学3年生までは、色々なユニークな建物を建てたかったので大工さん、お金を貰いながら日本中を回りたかったためタクシーの運転手、寿司が好きな両親に毎日思いっきり寿司を食べさせてあげたかったことから寿司職人、の順に。小学4年生からは競泳を本格的に始めたので、高校まではバタフライのオリンピック選手。高校3年生の夏に米国に1ヶ月間ホームステイした後は国際経営コンサルタント。頭が悪く英語が苦手だった私にとっては、その最後の夢は不可能に近いものでした。

夢は努力も何もしなければ、本当に覚めてしまうもの。夢に努力が伴えば、現実的な目標になり、目標は人を前向きにし、モチベーションを高め、時には感動や楽しみも伴うものです。

「いつまでも夢ばっかり追って、子どもみたい……」

と言う人が多いですが、私はそうは思いません。仕事の目標だけではなく、もっと大局的で、もっと長期的な夢を持ち、そこに向けて努力することが、なぜ子どものようなのでしょうか。

私は言います。**「おおいに大きな夢を持ちましょう。夢のない人には成長なし。現実をしっかり受け止め、夢を見ることは人生をリッチにするとても素晴らしいことです」**と。

ルール

73 返事はその日のうちに

新しい仕事の依頼があったとします。ただし、その段階ではスケジュールの確認ができません。安請け合いはしたくないので、返事は「確認して後ほどご連絡致します」となるでしょう。この「後ほど」がくせ者。どれほど後なのか。いつまで待てばいいのか。**待っている身になれば、返事はできるだけ早く欲しいもの。**そこで、私は**「返事はその日のうちにする」**ようにしています。

ここで「返事」を「YES」あるいは「NO」と決め込んではいませんか。必ずどちらかの返事をしなければならないとなるから、その日のうちの返事ができなくなるのです。

仕事でどうしても会わなければならない人がいました。こちら側の都合でとにかくその人の話を聞きたかったのです。そこで連絡したところ、「浜口さんの都合のいい日時をいくつか挙げて頂けませんか?」との返事。ですので3つの日時を候補として伝えました。

すると「スケジュールを確認してご連絡致します」との返事でした。

ところが候補に挙げた最初の日時が来ても返事がありません。その時間は「もしかしたら、会えるかも知れないから」と空けてあります。折り返し電話頂けるとのことなので、こちらから電話をするのも気が引けましたが、再度連絡すると同じ返事でした。「これは会う気がないな」と諦めました。

一方、他の方にアポイントを取りました。会話の流れは、ほぼ同じものでしたが、最後に一言「この日程の候補で時間が取れるかどうか、あるいは本日中に日程を決められるかについて、夕方までにはご連絡致します」と付け加えられたのです。

そうなると、とりあえず待っている時間は今日の夕方までになります。明日になれば、また違った予定を組むことも可能。

このように、返事をその日のうちにというのは、**「何らかのアクションをその日のうちにする」ということ。「本日は最終回答はできませんので明日までお待ち頂けますか？」と聞くのも、誠意ある返事の一つ。**待っている人の身になれば、容易にわかりますが、そこに気づくかどうかで、電話の印象は大きく変わるのです。

その日のうちに何らかのアクションをし、状況を伝えることを心掛けたいものです。

ルール

74

出会いを大切に

日本には、お年寄りから生まれたばかりの赤ちゃんまで入れて、約1億2500万人がいます。80歳まで生きるとして、生まれた瞬間から年間20人に出会い続けたとしても、1600人にしかなりません。頑張って月に10人に出会ったとしても、9600人です。それほど、人との出会いは貴重なのです。

年間20人とすると、人生で1600人。1人は1600分の1ですが、日本の人口からすると、1億2500万分の1。それほどの確率でせっかく出会ったのですから、そのままにしておくのはもったいないですね。

仕事で多くの人に出会うとしても、一生で1600人と出会うのもかなり難しいでしょう。幼い頃の出会いは物心がつくまでわからないですし、会社を退職してしまうと、なかなか新たに人と出会う機会は減っていきます。

先日、ベンチャービジネスで成功した若手起業家の会に参加しました。彼・彼女らになぜ成功できたのかを聞いたところ、皆さん一様に「運が良かったから」と言います。じゃあ、なぜ運が良くなったのかと聞きますと、「いい人と出会ったから」とか「ビジネスパートナーとの出会いがあった」と言うのです。

何においても成功に欠かせないことは、**「いい出会い」**だと講演の度に私は話しています。なぜ「いい出会い」が成功に必要かと言いますと、**いい人がいい情報やビジネスチャンスを持ってきてくれるから**。

人間、能力があると言っても、一人ができることは限られています。ビル・ゲイツ氏にしても、スティーブ・ジョブズ氏にしても、能力があったのは言うまでもありませんが、いい人に出会い、協力・支援してもらえたからこそ、若くして短期間でマイクロソフトやアップルという世界的な企業を創り上げ、莫大な資産を築き上げることができました。

人との出会いを大切にすれば、ビジネスはもちろん、人生にも大きな価値と幸運が生まれます。その人の価値観・人生観・死生観等を語り合うこともできますし、それによって自分の中に新たな考え方も生まれます。せっかく出会えたのですから、自分の人生の中でも、その出会いを意味あるものにしようではありませんか。

ルール

75 経済力より信用力を

ライブドアの元社長、堀江貴文氏。ビジネス界で彼の名前を知らない人はいないでしょう。彼の会社と個人名が一躍メディアを賑わしたのがプロ野球球団への新規参入騒動。経営不振で解体・合併を余儀なくされた「近鉄バッファローズ」買収に手を挙げたのでした。

当時、彼の話は何も間違ってはいませんでした。「自分のところにはお金がある。ファンも選手も存続を望んでいる。それなら、お金のある自分たちが買い取って経営をしましょう」というもの。この時、球団関係者やその周辺は、彼の発言だけに対して反発したのではなく、彼の身なりもでした。「人前に出るのに、Tシャツとは何だ」「礼儀知らず」「カネさえあればいいと思っているのか」と。

経営陣が経営に失敗し、選手やファンが悲しんでいる時です。「お金があるから買うよ」と言っている人に、そんな物言いがあるものかと思った人も多かったのではないでしょうか。堀江氏が問題提起したプロ野球問題は、結局一つのチームが潰れ、その代わり新チームが一つ生まれるという「一体何の騒ぎだったのか」という結果に。しかも新チームを作ったのが、同じＩＴ関連企業の楽天。

この時、社長の三木谷浩史氏は、自慢のひげをそり落とし、ばっちりスーツを決めて出てきたのです。これぞ身なりは信用にもつながるという日本の価値観の不思議なところ。

その後、ニッポン放送の買収劇、いわゆるホリエモン騒動に関しても、堀江氏の動きは法律的に何の問題もないと東京高裁レベルで判断されたのにもかかわらず、非難を受け続けました。これもひとえに「経済力」よりも、「信用力」の問題ということ。マイクロソフトのビル・ゲイツ氏もよくＴシャツで人前に出ていました。しかし彼は、世界的なソフトウェアを自ら作って広めたという信用が身なりよりも大きかった。

「お金があれば、格好なんてどうでもいいじゃないか」

そうかも知れません。しかし、信用できない人と仕事ができますか？　**信用を築くまでは、見た目で勝負するのも重要です。**また、**経済力をひけらかすと逆効果になる。**

「お金を生んだのは、その人に信用力があるから」というのが理想ですね。**お金で信用は買えません。しかし信用力がお金を生むことはよくあることです。**

ルール

76 ピンチをチャンスに

順調に人生を送ってきた人が、小さなつまずきに耐えきれず、そのままドロップアウトしてしまうことがあります。打たれ弱い、という言い方をされることが多いですね。

昔は「苦労は買ってでもしろ」と言われていました。ピンチも苦労の一つ。わざわざ買う必要はありませんが(笑)。ただ、**ピンチは人を成長させます。**苦境に立った時、人は総力でその危機から脱しようとします。そこから普段思いつかないようなアイディアや知恵が湧き出てきます。いわゆる「火事場のバカ力」。

リミッターが切れた段階で、ようやく出てくる力のこと。これは潜在的に持っているのに、危機的になるまで浮かんでこない種類のもの。ピンチ・苦境に何度か立たされると脱出方法も学ぶようになります。最初はピンチだったかも知れませんが、同じことが2度目起こった時には、それは既に「経験済み」となるわけです。

私は米国の経営大学院進学のため、日本の大学の卒業式を待たずさっさと渡米してしまいました。7校も受けたので、どこかには入れると高をくくり、周りの人に留学宣言をしたところ、祝賀会までやってくれました。ところが渡米後、全校の受験に失敗。途方にくれていたところ、元々その会社で働きたかったため経営大学院を受験した、米国大手コンサルティング会社に無事採用されました。ピンチでしたが結果的にはチャンスに。

ただ、ピンチの時に必ず脱出できるとは限りません。脱出できず負けてしまうことも。負けから学ぶこともおおいにあり、これも意味ある経験。ただし、この経験を間違えて使っては困ります。負けることに慣れてしまう、いわゆる「負け癖」がつくような経験にはしてはいけないのです。**負けた時には負けを認め、負けた理由・原因を学ぶ。そして負けない方法を考え、身につけて、次にはしっかり回避する。**負けの経験は、次の価値につなげる経験値としなければ、その経験が無駄になってしまいます。

ピンチを乗り越えてきた人は、通常では出てこない力を使った経験があります。これは、ピンチに陥っていない人よりも大きな知恵・武器にもなる。こんなチャンス、望んで手にできるものでもありません。多いにピンチから学び取ることをお勧めします。

つまり、ピンチは望んでもできない貴重な経験ですので有難いものです。

ルール

77 好きな本を読みまくろう

恋愛小説、サスペンス、SF……。小説にも様々なジャンルがあります。またノンフィクションでも、あらゆるジャンルが揃っています。

「仕事が忙しくて、本なんて読む時間がない」と言う人もいますが、工夫すれば本を読む時間は作れます。本を読むべき理由は、一人の一生では体験できないことがそれぞれの本に詰め込まれているため。たとえ本の内容がドロドロの恋愛であろうと、絶対にこんな状態は自分の人生にはありえないと思うようなストーリーであろうと、仕事や人生に置き換えてみたら、意外と使えたりします。

また、**本、つまり文章は読めば読むほど書く能力も上がります。**また**文章を読む力、即ち読解力が高まると物事を頭の中で整理する能力も高まります。**物事が整理されれば、何かを相手に伝える時に、きちんと整理して話すことができるようになり、文章も同じように整理して書けるようになるのです。

私は高校を卒業するまで読書が大嫌いで大の苦手でした。その分、読解力のいらないテレビばかり観ていました。ところが、自分の進路について模索し始めた際、本屋で面白そうな本を見かけて買ってみたら、楽しくて一気に読んでしまいました。それから本をどんどん読むようになり、今では年間３００冊は読んでいます。好きな本だけ読んでいますが、思考能力や表現能力が高まってきているようで、仕事におおいに役立っています。

出版されている「本」というものは、第三者に読まれることが前提です。そのため、できるだけわかりやすく書かれています。また「読み物」という商品になるわけですから、販売されるまでに専門家達にチェックされ、不明瞭な・わかりにくい表現等があれば、加筆されたり、修正されたりしてきています。

そのように練られた文章を、ジャンルを問わずどんどん読むべきです。トイレの中でも、入浴中だってその気になれば読めますし、電車の中等ちょっと空いた時間にも読めますよね。**どんどん読んで、その表現力・論理力・構成力等を吸収していきましょう。**

読書は、読解力がつくと同時に社会人としての表現能力も高まります。ですので読書を続かせるために、ジャンルは何でもいいので、好きな本を乱読しましょう！

ルール

78 書類やデータのファイリングは即座にしよう

整理整頓はとても重要。きれいな場所で仕事をする方がいいというのはあたりまえ。一つひとつ片づける時間と手間を考えても、普段から整理していた方が効率は上がります。そこで整理の仕方が大事で、結局は自分に合った方法を見つけるしかありません。

私の方法のポイントを紹介します。

初めての仕事だった場合、その仕事、即ちタイトルでファイルします。袋に入れて、その袋にタイトルを書く。そんなタイトルが書かれた袋が3つ4つ揃ったらすべて取り出します。タイトルという縦割りのパッケージだけではなく、横に関連性のあるパッケージを見つけます。「市場調査情報」等他の仕事でよく使うもので、そのような情報は企画・計画・分析のヒントになります。ですので一番使いやすいファイリングをします。

書類のファイリングは、自分で創意工夫し、できるだけ使いやすく、取り出しやすくしましょう。タイトルには日付を入れたり、キーワードを書き込んだり等、自分なりのジャンル分けをすれば便利です。

どのファイリング方法を採用するにしても、必ずすべきことがあります。それは、**仕事の情報や資料ができたら即座にファイリングすること。**時間がある時にファイルを作ろうと思っていたら、どんどん情報や資料が増え溜まっていきます。そのうち前の情報や資料が必要になるわけですが、ファイリングしていないので、探す時間と労力のロスとなります。その上、締め切りに間に合わなくなる等、仕事上でのダメージが発生する。ですので絶対に情報や資料を溜めず、出てきたらすぐにファイリングすること。

このように、ファイリングがきちんとできていないと、いざ必要となった時に、ある場所を探し回らないといけません。それは時間の無駄でファイリングしている意味がありません。効率良く仕事をするためにも、即ファイリングすることは大事な戦術になります。

人のファイリング方法を真似ても、自分に合っていなかったり、上手くいかなかったりするので、自分独自のファイリング方法を編み出しましょう。デジタル時代となった今、デジタルデータのファイリングも同じ考え方でできるので、**デジタルファイリングも自分なりのルールを決めておきましょう。**

ルール

79

コピーする時は、誰が何のために使うかを考えて

新入社員のうちは、上司からコピーを頼まれることが多いです。**その時に「何に使うのか」「誰が見るのか」「何部必要なのか」「サイズ」等を確認するのは基本です。**

そして、もう一つ工夫を加えましょう。

コピーの原本を一つひとつ確認すること。元が曲がって印刷されていたら、そのままコピーすると同様に曲がってしまう。また原本に汚れや印刷ずれができていたら、その部分は修正液等できれいにマスキングし、コピーされたものには写らないようにします。コピー機のガラス面の汚れもきれいに拭き取りましょう。

もしも会議で使うものだったら、参加人数にプラスして何部か予備にコピーをとっておくのも重要。急に参加者が増えることもよくあるので。

また、参加者の中に高齢の方がいる場合には、見やすくするため、文字が大きくなるよ

う拡大コピーもとっておくことも必要です。

私は会社勤めをしていた際、仕事能力は並以下でした。そんな私をアメリカ人上司は引き上げ、スピード出世させてくれました。経験・知識・専門能力・英語力では同期のアメリカ人よりもかなり劣っていた私を上司が評価してくれたのは、この「気を遣う」部分でした。

能力面では他の社員にはまったく歯が立たないと判断した私は、戦いの場をコピー等を含めた、気配りが必要な雑用に絞り込みました。案の定、仕事のコアの部分しか考えていなかった他のエリート社員は、コピー等の単純作業はどうでもよく、手抜きをしては上司からの評価を下げていました。見るに見かねて、「コピーも気を遣って真剣にやろう！」と私が進言したら、「それじゃあ、これから私たちの分までコピー頼むよ」とやぶ蛇に。

大事なのは、**使う人の立場に立って小さな作業から気を遣って行うこと**です。そういう一つひとつが、仕事の成果と同様に評価の基となっていくのです。たとえば、同じ程度の仕事能力であれば、少しでも気を遣える人と組んだ方が気分もいいですし、仕事もしやすくなる。**気を遣うことは、「人の身になる」ということ**で、心の持ちようで簡単にでき、高い評価を得られるものです。

ルール

80

ベンチャー人間を目指そう

「ベンチャー人間」という言葉に、どんなイメージを持つでしょうか。人よりも秀でた感性と能力があり、統率力とチャレンジ精神に優れ、先見性があるため、新しいビジネスを立ち上げ成功させる人。つまりビジネスにおけるスーパーマンを想像しませんか。

確かにマスコミ等でもてはやされるベンチャー社長に対するイメージは一元的で、そのように見られます。裏にある努力や苦労、勉強等はあまり表に出ることはありません。

ベンチャーは「冒険や冒険的な企て・投機」と訳されます。冒険心を持ってチャレンジする人間は、様々なアイディアを持っていることでしょう。

冒険家と言われる人達は、その冒険のためにあらゆる準備をします。最悪のケースを想定して、そのための脱出方法まで考えて冒険を開始します。何と言っても命がかかっていますので。

ベンチャー人間とは**冒険心がある人**。**様々なことにチャレンジする精神、そしてそのための準備を怠らない心掛け**。それがあれば、社会で苦況に立たされても自分で脱出する方法を考えられます。

また、ベンチャー人間は起業家という意味合いもあります。会社員であっても、担当している仕事で自分が責任者として動くことは、責任感も強くなり本気で頑張れるものです。そういう**起業家意識を持つこと**もベンチャー人間と言えるのです。

今、社会ではサラリーマン的な生き方をしている人が大多数です。サラリーマンでベンチャー的な生き方や仕事をしている人、即ちベンチャー人間はほとんどいません。

しかし、不況が続く中、企業はベンチャー人間を求めています。ですので若い時からベンチャー人間的生き方を目指した方が、成功する確率は高くなります。

ベンチャー人間は責任感があるので、慎重ではありますが、冒険心と創造力溢れるチャレンジャーです。

社会、特に会社がベンチャー人間を求めている以上、そうなれるよう自己変革したいものです。

ルール

81 毎日、小さな成功体験を積み重ねよう

ピンチや失敗が重要な意味を持ち、貴重な体験になると話してきました。順調な人生では得られない経験や力が身につくと。しかし、「負け癖」がつくことは、避けなければならないとも言いました。

正反対のことのように聞こえるかも知れません。でもよく考えてみればわかりますが、同じなのです。ピンチや失敗を通じて経験した幾多のことで、負け癖をつけるのではなく、逆境に強くなる経験を身につけることです。負け続けることではありません。

そのためには、**「成功する」ことも体験すべき**です。成功といっても、まだ仕事をすべて任されることもないのに、どうやって成功したらいいのか。

ほんの小さなことでもいいのです。小さな成功体験ですから、何でもいい。今までできなかったちょっとしたことが今日できたということで。

たとえば、毎日飛び込みで営業に行き、どの営業先企業の社長にも会えなかったのが、今日ようやく会えたとか、人前で話すのが苦手なのに今日の朝礼で初めて上手く話せて、聞いていた人から褒められたとかです。**ささいなことでも成功し続けることによって自信をつけることが目的なのですから。**

私も小さな成功体験を積み重ねてきたからこそ、仕事に対する絶対的な自信がつきました。勿論、失敗も多くしましたが、成功体験を積み重ねていくと、勝ち癖がついてきますので、失敗の体験も次の成功に結びつけるための大事な反省・分析材料になりました。

テキサス大学経営大学院（ビジネススクール）で教えるチャンスを得た際、最初の頃の講義では失敗ばかりしていました。声が小さ過ぎて受講者のほとんどが理解できなかったり、間違った内容を教えたり、時間配分を間違えて試験範囲をカバーできなかった等、挙げればきりがないです。しかし、失敗する度に対策を考え次にはできるよう改善しましたので、失敗体験が成功体験へと段々と変わっていきました。その結果、大学院側は、契約が2年で終わるところを、7年間まで期間を最延長してくれました。

ピンチや失敗で得難い経験を積み、日々の小さな成功体験で「成功する喜び」を感じていけば、身についた経験と勝ち癖から大きな成功を手に入れることも可能なのです。

ルール 82

まず、目の前にあることに全力で当たろう

新人の頃、少し仕事に慣れてくると、どんどん仕事を頼まれるようになります。とはいえ、仕事を任されることはなく、誰かの指示の下で動かなければなりません。

仕事を頼まれたら、まずスケジュールを考えます。優先順位をつけ、進捗もわかるように管理シートを作成します。その後、何のために必要なのかを理解した上で、目の前にある仕事に全力で当たりましょう。他の仕事もやりながら、あっちの仕事もこっちの仕事もとやっていたら、集中力も欠け、ミスが出る可能性が増えるので。

時間で区切るのも手です。何時まではこの仕事をやって、それ以降はあっちの仕事と。ただし、その仕事をしている時は、とにかく集中して仕事に邁進することが、仕事を覚える上でも、生産性を上げるためにも、また自分の評価を高める上でも、必要なことです。

自社の経営、提携先への支援・アドバイス、他社の役員としての活動、本・雑誌等のた

めの執筆、社内外組織主催の講演・研修、NPO法人・慈善事業団体の役員としての活動、教育・研究機関への支援。私の毎日の活動内容です。すべて独立したものですので、同時に行います。が、もし目の前にあることを全力でやらなければ、集中力を欠きリズム・調子を崩し、波及的に他の活動にも影響を与え、すべてが狂い始めるでしょう。

人間は機械と違います。精神状態で仕事の結果が大きく変わる。たとえば、汚い場所や落ち着かないところでは集中できにくいため、仕事の効率も下がります。そんな中で無理して仕事をしても精神衛生上悪いので、ストレスがたまり病気にもなるでしょう。

仕事に全力で当たれば、自ずと集中力もつき、仕事の密度も高くなります。そして慣れてくると仕事に費やす時間も短くなり、効率・生産性もどんどん上昇します。

そんな姿を上司が見ていれば、評価も上がり、少しずつ責任のある仕事を任せてくれるようになるでしょう。毎回目の前の仕事を一生懸命やっていれば、たとえミスをしたとしても評価は下がりません。むしろ限界に挑戦し弱音を吐かず頑張っている姿を見ると、上司や周りの人達もあなたのことを励まし応援してくれます。

とにかく目の前にある仕事を「片づける」のではなく、「全力で丁寧かつ効率的に当たる」ことです。

ルール

83

聞く前にまず自分で答えを出してみよう

「わからないことがあったらとにかく質問しよう！」と推奨しています。しかし、聞く前にまず自分で答えを出すことも勧めます。まったくわからないのに聞かないのも困りますが、考えもしないで答えを最初から聞くのは「私はバカです」と言っているようなもの。「わからない」という場合、2つのケースが考えられます。一つは「どんなに考えても答えが出てこない」状態。もう一つが「話自体がわからない」こと。

自分が質問される立場だと考えてみて下さい。何か仕事上の指示を出した途端、すぐに質問、特に答えを聞かれたらどう思いますか？

「自分で考えろ！」と思いますよね。質問にはその仕方というものがあります。**まずは、間違えてもいいから自分で考えてみます。**勿論、考えの過程も明らかにしていきます。そして答えが出た時に、上司に「これはこれこれ、こういうことで、こうすればいいのですか？」と、何をどう考えて導かれた答えかわかるように質問すればいいのです。

質問は、ただ「聞く」という意味ではありません。考えて導き出した答え、あるいは考えても導き出せなかった経緯を明らかにした後、問うのです。

新入社員時代、超忙しい上司についた私は、まったくわからなければ質問はしましたが、その前に徹底的に考え、調べました。能力的にかなり上司に迷惑をかけていましたので、自分でできることはまずやり、上司の時間と手間を取らせないようにしました。

どんなことでもまず立ち止まって自分で考える習慣をつけましょう。自分で考えて出した答えは、間違えていたとしても無駄にはなりません。答えの正邪よりも、その考える過程がもっと大事。なぜなら考え方や過程が正しければ、次からはその問題に対しては、正しい答えが出せます。逆に、たまたま答えが合っていたという場合、考え方や過程が正しくなければ、次回からまた同じ問題で行き詰まるので。

何でもまず人に答えを聞くのではなく、自分で考える癖をつければ、創造力や問題解決力が飛躍的に伸びるでしょう。ビジネスにおいて、答えは必ずしも一つではなく、複数あることはよくあります。従って**自分なりの答えを見つけ、自分なりの方法で実行すること**も一人前の社会人としてはあたりまえのことです。

ルール

84

できる人の言動から学ぼう

昔、顧問先のベンチャー企業に伺ったところ、時間が早過ぎて社長はまだ出社されていませんでした。担当者に会いに寄ったら電話中。聞くつもりはなかったのですが、ついつい彼女のいつもながらの見事な電話応対の声が耳に入ってきます。

「おはようございます。○○○株式会社でございます」

「……」（電話の相手の声は私には聞こえませんでした）

「はい、△△△工業のA課長様でございますね。いつも大変お世話になっております。私、経営企画室のBと申します。Cでございますね。Cは、本日午前中はお客様を訪問致しておりますが、午後1時には戻ると申しておりました。お急ぎでございましたら、至急こちらから連絡を取るように致しますが。それとも私で何かお手伝いできることがございますでしょうか?」

適度な声の大きさ、言葉の歯切れの良さ。あまりに見事な応対に感心して聞き惚れておりました。するとその直後、新たに電話が鳴り、新人らしい若い女性が電話を取りました。

「○○○株式会社です」

「……」（先方）

「はあ、Cさんはまだ来てません。あっ、どこかに寄るって言ってた気もしますが……」

「……」（先方）

「え！　私入ったばかりなので、細かいことはわかりません。彼の予定も聞いてませんし……。本人じゃないとわからないので。言っておきますが、また後でかけ直して下さい」

2人のあまりの対応の違いにショックを受けました。ベテランと新人とはいえ、2人が同じ会社の同じ部署の社員とは信じ難い思いでした。聞いたところ、その中途採用の新入社員は入社して既に3ヶ月は経過しているとのこと。

電話対応は苦手だとのことですが、あんなにできる先輩が隣に座っているのに、なぜ先輩から学び、いいところを真似しようとしないのか不思議です。

個人主義化・マニュアル化されつつある仕事環境ですが、**できる人の言動から学ぶことが最も効率的効果的な仕事習得法である**のを、若手の皆さんにはわかってほしいものです。

ルール

85 電話やメールは短く ポイントをついた内容を

人と約束をする時、電話を使うでしょう。最近では圧倒的にメールが利用されますが、最終決定や確認のために電話をすることは普通です。

電話をかける場合、相手がその時間何をしているのか見えません。相手の時間に突然割り込む行為だということを、電話をかける時には忘れてはいけません。ということは、相手は機嫌良く電話口に出たとしても、通常何らかの作業を中断します。そこで電話での会話は、重要なポイントをついてできるだけ短い時間で済ませるように心掛けましょう。

もしも電話をかける前に長くなりそうな場合は、それこそメールの出番。メールで「お話をお伺いしたいのですが、少々時間が掛かるかと思います。ご都合のいい時間をお教え頂ければ、こちらからご指定の時間にお電話差し上げます」等、最初から断っておくと、相手もそのつもりで時間をとってくれるはず。

以前顧問先で、一流大学、大手商社出身の中堅幹部を雇うことになり、社長に最終面接に同席するよう依頼され立会いました。経歴書は立派で人柄も良さそうなため、問題ないのではということで採用が決まりました。

ところが大きな問題が。彼は「長電話魔」だったのです。一度電話で話し出したら止まりません。世間話から始まって、忙しい相手を捕まえて長い冗談を連発。可哀想なのは相手先。「長電話魔」で知られた彼は、顧客からは敬遠され、結局、下請先のリストラ対象組としか話してもらえなくなりました。それもそうです。一度電話をかけてきたら、平気で30分。場合によっては1時間も話し続ける。相手もたまったものではありません。

最後は、会社が成功報酬型給与体系に切り替え、彼は結果が出せず辞めていきました。あんなに毎日電話で無駄話をしていたら、成果など出るわけがありません。

何が何でも短くしなければいけないというわけではありませんが、**電話は突然の来訪者と同じです。**仕事での電話は、特に敬意を表すためにも**相手の時間を奪わないように気を遣い、話はポイントをついて短くしましょう！**

ルール

86 会議では脱線させるような話・質問はやめよう

会社に入れば様々な会議があります。取締役会・経営会議・営業会議等フォーマルなものから、ちょっとした部署・チーム内での打ち合わせのようなインフォーマルなものまで。すべての会議で議論が白熱し、しっかりとした結論が出るわけではありません。時には誰もが黙ってしまい、進まないことも。

たとえそうなったとしても、無駄な時間というわけではありません。様々な考えやバックグラウンド、また責任を持った人が顔を突き合わせて同じ議題で頭を働かせるというのは、組織として重要な時間の過ごし方の一つ。ちょっとした誰かの発言からヒントを得て、一人では浮かばない素晴らしい知恵やアイディアが出てくることも。

ただしせっかく一つの議題に参加者全員が集中して議論している時に、流れも読まず、頭を働かせずに、混ぜっ返すような発言や質問をする人がいます。本人は大真面目なのでしょうが、きちんと話の流れや趣旨を理解していない。要するに皆で同じ議題で考え話しているはずが、その人だけは同じ思い・時間を共有していないということになります。

極論を言えば、会議の中身を共有できない人は、共有しなくてもいい。しかし、会議を混乱させたり、脱線させたりしてしまっては、参加者全員の時間を奪うのみならず、やる気を欠いてしまいます。

議論に加われなくても、あるいは理解できないため質問をしたくても、しっかりと場の雰囲気を読みましょう。場の雰囲気を読むことも頭を働かせることの一つであり、立派に会議に参加している証。他人の話をしっかりと聞いているうちに、疑問が晴れるかも。そして終わるまでに、質問の機会があるかも知れません。その時に、「Aさんが話した内容について、こう考えたのだけれどもわからなかった」と要旨をしっかり伝える質問をしましょう。そうすれば参加者にも何のことかわかり、スムーズなので。

理解できないことが悪いのではなく、参加者の時間を奪ったり混乱を招いたりすることが大罪。また会議で結論が出なくても、焦る必要はありません。いい議論ができたのかも知れません。ただその会議を意義あるものにするため、会議の終わりに、次の会議までに誰が何をするかを確認することは必須です。

ルール

87

会議中、相手から書類を渡されたらまず上司に見せよう

取引先と会議をする場合、判断を下せる人、決定権を持つ人が双方にいるはずです。あなたにとっては、それは上司ということになるでしょう。会議中、たまたま座っている位置から便宜上、相手はあなたに書類を手渡しすることもあります。また、取引先があなたを介して、決定権のある上司に書類を渡してもらおうと思い、あなたに差し出してくることも。

この場合、場の雰囲気を読めない人、気遣いができない人は、自分に見るよう暗示されたものと勘違いし、上司に渡すどころか、上司を差し置いてその内容を読み始めます。

私は何度となくその場面に出くわしました。それもある時は書類を差し出した側で、ある時は受け取る側として。相手の意思決定者に見てもらうために差し出した書類を、その部下が読み始めた時、「頼むから上司に見せてくれ！」と思わず心の中で叫びます。会議

中その書類が相手方の上司に行き着くまで、場を保たなければならないからです。下手に説明を続けると上司は資料なしでは理解不足になり、再度説明しなければなりません。最悪の場合、時間切れで説明が再度できない時は、通常相手方の上司は内容を正しく理解できないで終わります。

また逆のケースも。私はスピード経営を心掛けていますので、何でもできるだけ早く決断を下します。初めての件でも忙しいこともあり、できれば会議中に決めたいのが本音。一度理解してしまえば時間をかけて考えても結論は変わりませんので。しかし、部下がその意思決定に必要な資料を即刻私に回してくれない時は、かなりストレスがたまります。相手方の説明はあまり理解できないし、そのため判断もできなくなるので。

何も言われなくても、**取引相手から書類を渡されたらすぐに上司に見せましょう。**決定権を持っていない人が最初に見る必要はないです。たとえメモ書きでも、重要な資料である可能性もあります。**上司から見せられ、意見を求められた時に初めて書類を読みコメントすれば良いのです。**

とにかく決定権のないうちは、**自分で勝手な判断をしないこと**がビジネスの基本的なルール。また取引先との会議はいつも真剣勝負の戦いであることも忘れないで下さい。

ルール
88
仕事は全力で緻密に、結果は楽天的か前向きに

目の前にある仕事は全力で集中して行おうと述べました。しかし「一生懸命やった」としても「集中して行った」としても、必ず成功するとは限らないのが仕事というもの。一生懸命やったのだから、絶対にいい結果になって現れるはずと思っていても、何やらミスがある場合もあります。

そうなってしまった時には、あなたはどう感じるでしょうか。

「一生懸命やっても駄目なものは駄目なんだ」

とやる気をなくしますか。それとも、

「結果は失敗だったけど、それまでの経緯に得るべきものはあった。次こそは失敗しないよう頑張ろう！」

と失敗を次への活力にしますか。

勿論、後者となってほしいもの。

新人のうちには、失敗は大きな悪評価にはならないものです。失敗を怖がってびくびく仕事をすると、仕事を覚えるチャンスにも二の足を踏んでしまうことも。それくらいなら、多少の失敗を気にするよりも大胆にチャレンジした方が経験値は上がります。

また、新入社員の失敗は、会社のビジネスに大きな損失を与えるようなことになりません。そこまで重要な案件を新人に頼むことはあり得ないので。また、新人が失敗することは想定内なのです。

だから失敗してもいいと言っているのではありません。**仕事は全力かつ集中し、緻密に行う**ことは言うまでもありません。そうしてしっかりと仕事をしたのなら結果は最悪でも、得るものはあります。**失敗したら、なぜ失敗してしまったのか考えるいい機会を与えてくれたと、いい意味で楽天的に受け止める**ことです。

気にしないというのではなく、次につなげること。これが何よりも必要な態度であり、重要な心掛け。

失敗を怖がって萎縮するよりは、とにかく全身全霊を賭けて仕事してほしいですね。

ルール

89 業務日報は事務的な作業にせず反省に使おう

業務日報のない会社もありますが、私は日報はつけるべきだと思っています。一日の始めに今日やるべきことのリストを作ることをお勧めしました。そのリストの成果を評価することが必要だから。

そのために業務日報は最適なものです。多少時間が掛かっても毎日つけること。**リスト通りに仕事ができたのか、リストの中の何に手間取ったのか、その理由は何だったのか。**その日のうちにきちんと考察すべきです。

単純にスケジュールを書き込んでいるだけではもったいない。**どちらにしろ時間を取られるのなら、その日の朝に計画したことと実施したことを比較すべき。**所謂反省として。

その日に反省し対策を考えておけば、次の日の時間を取ることはありません。それよりも次の日にはその反省と対策に基づいた行動をすぐに起こせるでしょう。

一日の終わりにその日を振り返ることとは、心と仕事の整理整頓にもつながります。それが仕事の効率を上げることにもなるのです。

会計事務所、弁護士事務所、コンサルティング会社等プロフェッショナル・ファームと言われるところでは、緻密なタイム・シートを毎日書くことになっています。会社によって違いますが、私がいた米国の大手コンサルティング会社の場合、そのタイム・シートでは30分毎に何の仕事をしたかを毎日具体的につけなければなりませんでした。そのため皆仕事の効率とスピードをかなり意識して行動していました。1分1秒を惜しんで仕事する、正に真剣勝負という感じ。当時は機械的で嫌でしたが、タイム・シートを毎日つけたお陰で、プロとしてより効率良く仕事をする方法を毎日追求しては実行し、体で覚えることができました。

タイム・シートのことを思うと、業務日報を書くのは比較にならないほど楽です。私が今まで経営してきた会社では業務日報を書くことを義務づけてきました。業務日報を毎日欠かさず出せない人は信用しません。**仕事においても、毎日のコツコツとした努力の積み重ねとその反省ができる人のみ結果が出せるから**です。

ルール

90

尊敬語と謙譲語を峻別しよう

一人前の社会人かどうかを判断する基準の一つに、敬語が正確に使えるかどうかがあります。ただややこしいことに、日本語には敬語が3種類も存在します。丁寧語、尊敬語、謙譲語。丁寧語はそのまま丁寧な言葉遣いによって相手を敬う言葉のこと。問題は尊敬語と謙譲語です。

尊敬語は相手を敬って、その人自身やその人に属する物・事・行為を言う時に使い、謙譲語は自分や自分に関する事をへりくだって言う場合に使います。尊敬語は相手に対して使い、謙譲語は自分に対して使う。ただ間違って使ってしまうのがこの2種類です。

「○○さんがおられましたら……」と「○○さんは参られましたか」。

これはどちらも尊敬語と謙譲語を逆用した誤用例です。「おる」「参る」は謙譲語ですから、相手の行為には使いません。前者は「いらっしゃいましたら」、後者は「○○さんはおいでになりますか（お見えになりますか）」が正しい使い方。また「部長が申していらっしゃいました」なども間違い。「部長が申しておりました」が正解。謙譲語「申す」と尊敬語「いらっしゃる」を混同した例です。

尊敬語と謙譲語で誤りやすい語句を（一般形／尊敬語／謙譲語の順）いくつか紹介します。

●見る／ご覧になる／拝見する・見せて頂く　●聞く／お聞きになる／承る・伺う・拝聴する・お聞きする

●行く／いらっしゃる・行かれる・お出かけになる／参る・伺う

●来る／いらっしゃる・おいでになる・お見えになる／参る・伺う　●する／なさる・される・お～になる／いたす・お～する

●与える／くださる／あげる・差し上げる

●食べる／召し上がる・お食べになる・あがる／頂く・頂戴する　●思う／思われる・おぼしめす／存ずる・拝察する

●会う／お会いになる・会われる／お会いする・お目にかかる

●話す／お話しになる／お話しする　●使う／お使いになる／使わせて頂く

普段使わない言葉をいざ使おうとすると間違え易いのは誰もが経験していること。日頃からちゃんと要所要所で敬語を使い慣れておかなければ敬語は使えません。会社では使わなければならない場面はよくあるので、徹底して練習しておきましょう！

ルール

91 まず結論から言おう

「起承転結」という言葉があります。この順番に文章を書くと良い文章になると言われているものです。

「起」……問題提起をし、「承」……起を受けて進め、「転」……起・承に対して反論を展開し、「結」……全体を結んで結論づける。

元はと言えば漢詩、特に絶句の構成法がその原点。この起承転結は数学の証明問題でも使われています。この形が論理的に最もすんなりいきます。

しかし会話はリズムです。また口から出した瞬間から過去になってしまい、戻ることも難しくなります。起承転結で話をしようと思っても、途中で質問されたり、同意されたりで他人が割り込んでくると、なかなか「結」までいかないことも多いでしょう。

特にビジネスでは、長々と最初に説明を行っても、興味を示してくれる可能性は低いのです。そこでまず結論から話し始めましょう。たとえば商品を売るために人と話したとします。その商品は、軽さが売りのＯＡ機器。

「従来のＯＡ機器は、重たく、持ち運びに不便という問題がありました」

「そこでその問題を何とか解決できないかと、弊社では技術部門が一丸となって、バッテリー部分を小さくしたのです」

「でもそれで短時間しか連続利用できないようでは、持ち運びできるということの商品の特徴は活かせません。試行錯誤の末、ようやく問題が解決しました」

「これが、６時間の充電で12時間連続利用できるＯＡ機器です。胸ポケットに入るくらい軽いのです！」という話と、

「これは胸ポケットに入るほど軽いＯＡ機器です」と結論を最初に言った方が、興味を持ちませんか。顧客は細かい技術や開発過程よりもその結果が知りたいし重要なのです。結果に興味が持てば、「なぜそんなことができたの？」と質問されるかも知れません。結論以外のすべてを相手に伝える必要はないし、相手も知りたいとも思わないかも知れません。

まずは結論。これが相手の興味をひく魅力的なビジネス会話術です。商談の際、重要なのは過程よりも結果（効果）ですから。

ルール

92 間違えたら謙虚に認めよう

人は必ず間違いを犯します。間違いに更に間違いを重ね、間違いを犯し続けてしまうことが多いのも人です。一番犯しやすい間違いが、間違いを認めないという間違いでしょう。

小さなミスでも決して認めたがらないという人が少なからずいます。刑事事件になりそうなものではなく、日常の些細なこと。ちょっと「ごめん」「失礼」と言えば、お互い気持ちよくなれるはずなのに、認めない場面によく遭遇します。

「欧米では自分から絶対に謝ってはいけない。そんなことしたら裁判で負けてしまうから」と言って、自分のミスを認めない人がいました。この話は間違いです。まず間違いを犯した事実を認めないという間違い。それと欧米では絶対に謝らないという間違い。これは交通事故などのケースに多いでしょう。

訴訟王国なので、その手の話は「代理人が来るまで口を開かない方がいい」という特殊なケースです。ですからすべてにおいて欧米人は間違いを認めないということはありません。それにここは日本で相手はほぼ日本人。ここも間違いのポイントですね。

米国でも私のアメリカ人の友人達は、日常の生活の中では間違いをすぐに認め謝罪していました。私が車のドアの前で背を向けて電話をかけていたら、急にドアを開けて私にぶつかったのです。すると「ソーリー（ごめんなさい）」とすぐに謝ってくれました。「ケガはありませんか？」と気遣いまでも。ここで謝ってもらえていなければ、きっと腹が立ったことでしょう。その後の人間関係にも影響してくる。

仕事上のミスでも同じ。**間違えたら謙虚に認めましょう。**間違いが事実であれば、まず認めること。言い訳の機会が与えられたら、そこで説明すればいい。どんな理由で間違えてしまったのかを。人に指摘されて初めて間違いを発見した場合には、その理由を指摘されなければ考えなかったでしょう。

間違いを認めることで間違いという過ちを重ねなくても済むのです。また人間は完璧ではありませんから、必ずどこかで間違えます。**気付いたら、指摘されたら、すぐに認め謝る器の大きさが、ビジネスでも長期的に成功できる要因になります。**

ルール

93

行き詰まったら書いて思いをまとめよう

ものを考える時に部屋中を歩く人がいます。公園に散歩に出る人も。トイレに引きこもるという人もいました。考えに行き詰まったら、そういった行動に出るようです。考えなければならない時や行き詰まった時の解決方法は人ぞれぞれでしょう。しかし、お勧めしたい方法があります。それは、それまで考えてきた過程を書き記すこと。

「堂々巡り」という言葉があります。AからBに考えてCに行き着いたのだけど、結論が出ない。もう一度考え直して、CからA、そしてB、結局結論には行き着かない、そんな状況です。

なぜ行き着かないのか。考える方向は変えていても、考えている事柄は一緒だから。それで同じ道を行ったり来たりしてしまうわけです。誰しもそんな経験はあるはず。でも頭の中で考えているだけでは、同じ範囲で組み合わせを変えているだけということには気がつかない。

そこで提案です。**とにかく考えたら書き留めること。何をどのように考えたのかを書き出します。**書いておけば、どこに思考の間違いがあるのか、或いは他の思考への枝があるのかが見えてきます。

スムーズに結論が導けた時は、書き留めなくてもいいでしょう。しかし行き詰まった時には、書き留めることがとても有効になります。少なくとも堂々巡りは回避できる。

不思議なことに文字にすると考え方が自ずとまとまります。そして違う道が見えてくる。**書き留めることによって客観的に見られるようになるもの。**

そうなれば解決の糸口を見つけることもできます。最初から考える方向を間違えていたのかも知れないし、最後のちょっとした誤解なのかも知れません。それを書き留めることによって客観的に見つめるのです。

客観的になれれば、あとは考えを精査していくだけ。実は人間は書くことで思わぬ知恵や創造力を働かせることができます。ぜひ書くことの威力を体験してみて下さい。

ルール

94

批判や評論している暇があれば自分を磨こう

今や「1億総評論家」時代です。芸能はもとより政治に関しても、経済に関しても誰もが批判や評論をしています。勿論その標的は社会的な話題に限ったことではありません。ビジネス街のランチタイムのレストランで、或いは終業後の居酒屋で、会社の経営方針から上司に対する評価・批判・評論を行っている場面に出くわすことはよくあります。

少し前までは、アルコールの入った席で日頃の鬱憤を晴らすというものが主流でした。所謂「愚痴」。しかし今は愚痴なんてかわいいものではなく、痛烈な誹謗・中傷に変わりつつあります。人のことを批判・評論している時間があったら、自分を顧みる方が、自分の成長のためになることに気づいてほしいですね。

批判や評論は自分を主体として他人に向けて行います。自分は蚊帳の外か、自分は正しいという立脚点で。そこには自分が成長するポイントはありません。もしも批判・評論をしたいのなら、「自分はああいったことはしない」という反面教師にしないと、自分の身にはつきません。

そんなに人の話をしている時間があるなら、自分を磨く方がよほど有意義です。終業後にスクールに通いなさいと言っているのではありません。好きな本を読む、楽しい音楽を聴きに行く、趣味のサークルに参加する。それでも十分に自分を磨くことになります。勿論、語学を習いに行くのも、ビジネススクールに通うのもいいと思います。

同僚と一緒にいることがすべて悪いわけでもありません。それも自分を磨く手がかりになることだって十分あります。その時には単純に他人の批判や評論をするのではなく、同僚の仕事の進め方や学生時代の体験等、自分と違った経験を語り合うだけでも、自分を成長させる材料になります。

すべての時間を自分磨きに使おうと言っているのでもないのです。「自分を磨こう」という気持ちが大事。それは意識しないとなかなか身につくものではありません。**日頃から「自分を高める」「自分を磨く」という意識を持ち続けること。そうすれば他人のことを批判・評論している時間がいかに無駄なことかに気づいてくるはず。**

どこに行くにも何をしていても自分を磨く行動が成功のもととなるのです。

ルール

95

意見や提案に反対する時は、明確な理由と代替案を出そう

会議や上司の指示、また同僚との会話等で、意見の相違や結論の違い、或いは論点がまったく理解できないこともあるでしょう。そんな時は闇雲に反対するのではなく、筋の通った反対理由が必要となります。

たとえば誰かが1ヶ月かけて考えた提案を、綿密で詳細な資料にして提出したと仮定します。上司へのプレゼンテーションの練習もしました。台詞も熟考して印象に残る言葉を使っています。会議の参加者に配る書類の誤字脱字のチェックもした上でカラーで印刷。この企画に賭ける気持ちもしっかりと表現しました。一見完璧です。

プレゼンテーションも終わり、会議参加者も資料を読みながらペンを走らせている時に、ある人が「これ、何となく駄目な気がする」と口走ったらどう思いますか？

まず「なぜ駄目だと思うのでしょうか？」と提案者は聞くでしょう。すると相手は「い

や、だから何となく」と答えたらどう感じるでしょう？

会議とは不思議なもので、何気ない一言で流れが一気に変わってしまいます。何となくというのはわからないでもありません。きっとインパクトに欠けるとか、新しいものが見えてこないとか、言葉にしづらい何かが欠けているということなのでしょう。

しかし言われた人にしてみれば、「そんなの理由にならないよ！」と不満爆発ですね。

ですから**提案等に反対を唱える場合は、可能な限り具体的にどこがどう自分とは意見が違うのかを明確にする必要があります。**そうすれば回答者も対応のしようがあります。

また**時間が経ってから反対意見を出す場合には、代替案を考えて一緒に提案するとより効果的です。**比較検討するものがある方が、より具体的で前向きになれるので。

仕事では具体性が重視されます。「イメージ」という言葉が多用される昨今ですが、イメージを具体化していくのが仕事であり、ビジネスです。

自分の心無い一言で、大事な会議の流れを大きく変えてしまうことを肝に銘じ、もし反対する場合、合理的で明確な理由と代替案を出すのがマナーでしょう。

ルール

96 疲れたら無理に続けないで休憩しよう

目の下にクマを作り顔色が悪く、睡眠不足が続いているのでしょうか、充血した目で仕事を続けている人がいます。

「少し休めば？」と声をかけると決まって返ってくる答えがあります。

「今休むと皆に迷惑をかけるから」。本当にそうでしょうか？

睡眠不足が続くと人間は判断力が鈍ってきます。判断力が鈍るということは思考力も鈍り動きも緩慢に。集中力も欠け、簡単なミスや間違いを犯す確率も高くなる。

実は、**「今休まないと迷惑がかかる」というのが正しい考え方。**今だったら、たとえば30分の仮眠で、ある程度復活するかも知れません。2～3日残業をやめて家に帰って休養をとれば、またバリバリ残業できる体に戻るでしょう。

しかし青い顔をしたまま仕事を続けていれば抵抗力も低下しますので、体を壊す可能性が高くなる。実際に倒れてしまうことだって考えられます。そのまま1週間や10日の入院になったら、もっと皆に迷惑をかけてしまいます。

更に病気になって同僚にうつしてしまい、集団感染なんてことになるかも知れません。そうなったら迷惑を更に重ねることになる。

「自分がいなければ、他人の負担が増える」という気遣いはわかります。

しかし、**ちょっと休憩をした間に誰かに負担してもらった分は、逆にその人が休憩している時に負担すればいいだけのことです。**

「自分が動かないと仕事が止まってしまう」。

どれほどの決定権を与えられていたとしても、こんなことが事実なら、仕事の進め方を間違えているとしか言いようがありません。**仕事は1人でやっているのではないですから、自分に何かがあった時には、他の人にすぐに代わってもらえるように常に準備しておかなければいけないのです。**

どう考えても疲れて無理して働くよりも、少し休んでリフレッシュした方が迷惑をかける度合いは小さくて済みます。また仕事で体を壊せば本末転倒。健康だから作業が効率的に捗り、中身の濃い仕事ができるのです。

ルール

97

人に頼む時は、具体的な指示を出そう

新入社員の頃は、人にものを頼むことは少ないでしょう。新入社員は人にものを頼まれる側の人だから。この時期にものを頼まれる経験をしっかり身につけておくことが重要です。**どういう風に頼めば、自分の欲しかったものが出来上がってくるのか。**それは自分が頼まれる立場だからこそ、**うまく頼んでくる人の頼み方を学べばいい**のです。

たとえばコピーを頼む時。

「これ、5部コピーしてくれませんか？」

というだけではバラバラのまま5部のコピーがデスクに置かれるだけ。ところが、

「会議に使うので文字を揃えて5部コピーをとって下さい。その後1セットずつに分けて、左上をクリップで留めてもらえますか」

と伝えたら、すぐに会議室に持って行ける状態になって用意されているはず。

ある時、私は上司にコピーを頼まれました。会議に使うということで。原本を見てみると、文字のサイズはバラバラで、しかも斜めに印字されていました。そこで文字のサイズが揃うように拡大・縮小を工夫し、斜めに印字されていたものは真っ直ぐになるように置き、コピー機のガラス面をきれいに拭き取りました。そして横書きの書類は左上を、縦書きの書類は右上をクリップで留めるようにしました。これは読んでいく目の動きを考えると、そうする方がページをめくりやすいと考えたから。

まだ新人だった私は、そのことによって上司にすぐ期待されるようになり、気遣いのできる社員として評価されました。今は、私がものを頼む立場となりました。自分の経験を基にできるだけ具体的に頼んでいます。その方が最低ラインで合格という計算が先にできますし、ほとんどの場合、さらに工夫をしてもらえますので、使いやすいものが出来上がってくるのです。

頼まれる側の人は頼む側の使い勝手を知らないことが多くあります。「使い方を考えて工夫して」と言っても新人にはほとんど想像できません。**できるだけ具体的な指示を出してあげる方が、頼む側も頼まれる側もストレスなく上手くいくのです。**

ルール 98 作業は終了の時間を逆算し、ダラダラせずに進めよう

すべての仕事には締め切りが設定されています。締め切りギリギリに終わらせるのではなく、締め切りよりも早く終了させ確認してから提出する。それが間違いを極力なくすための行動と言えます。

そこで効率よく進めるためには、**締め切り期日と確認作業の時間から逆算して、いつまでに何をして、その後どうやって進めていくかを、スケジュールの最初の段階で設定すること**をお勧めします。勿論、スケジュールは突然変更になることもあり得るため、柔軟な対応ができるよう余裕を持った進行を心掛けましょう。

どうやって作業をこなすかを計算ができたら直ちに取りかかります。効率良く作業が進み、時間が余ってしまうこともあるでしょう。そうなったら「今日の作業は終わり。余った時間は適当に過ごそう」などと考えては駄目。

今日の作業が効率良く早めに終わったからといって、次の作業も早く終わるとは限りません。予定よりも時間が掛かることだってある。それを見越して**余った時間で次の作業に取りかかりましょう。**何でもできるだけ早く終わらせるために、予定より先に先に行いますが、残業をしようというのではありません。**時間が余っているのなら、ダラダラと時を過ごすのは無駄**というものだと言っているのです。

もしも作業工程がすべて予定より早く進み、最初に設定された締め切りよりも3日も早く仕上がったとしましょう。早く作業が終わって怒る人がいるでしょうか？　迷惑と思う人がいるでしょうか？

早く終われば、次の仕事が与えられるかも知れません。早くしかも正確に仕事ができれば、それは当然高い評価につながります。ダラダラと時間を過ごしてしまえば、それは周りにはわかってしまう。余った時間があったはずなのに、締め切りギリギリに提出したら、たとえ正確なものができていたとしても、それなりの評価で終わってしまいます。

「時は金なり」。ダラダラ過ごすよりも、より有意義な時間の過ごし方をしたいものです。

最初に設定したスケジュールで守るべきものは締め切り。締め切りは絶対に守らなければならないので、完璧なスケジュールを立てて日々厳格にチェックしましょう！

ルール

99 就業・会議中は携帯電話をマナーモードに設定しよう

携帯電話をこれだけ皆が個人で持つようになるとビジネスツールにもなっていきます。携帯がないと仕事ができないとまではいかないとしても、携帯を持っていた方が仕事がやりやすいのも事実。携帯でメールやSNSを見られるようになったので重要な情報が外にいても受け取れるようになりました。

しかし携帯電話器が急激に普及する中、マナーが低下しているのはいかがなものでしょうか。まだ少数の人しか持っていない時には、一般的なマナー自体がなかったので、ある程度のでたらめも大目に見られていました。しかしほとんどの人が持つようになると、誰もが「あれは迷惑だ」と感じる行為に関しても共通認識が生まれ、自ずとマナーが成立し始めています。残念ながら現状は満員電車でも、携帯での会話を禁止している公共の場所でも、所構わず着信音が鳴り響いています。着メロを利用している人も多いので明らかに場違いな音楽や歌声が聞こえてくる時もあります。

先日、ある人の法事で寺を訪れました。法要の最中、参加者のバッグから大音量で『冬のソナタ』のタイトルソングが流れてきたのです。持ち主はさすがに慌ててバッグを探っていましたが、小さな携帯電話は見つかりません。僧侶も読経をしながらも気に掛かって仕方がない様子。

勿論、法要の後の食事の席で「故人に対して失礼に当たるので、今後は寺に入る際には電源を切るか、マナーモードにして下さい」と注意されていました。

お寺で着メロというのはあまりにも酷い話でマナー以前の問題。仕事中や会議中でも平気で音を鳴らす人は今でも少なくありません。取引先からの電話だとしても、音を鳴らす必要はありません。明らかに集中して仕事している人の邪魔。

最低でもマナーモードに設定して他の人の集中力を途切れさせることはやめましょう。特に会議中は、特別な急用でもない限り、留守番電話機能を利用しましょう。携帯の液晶画面を見れば、どこからの電話かはナンバーディスプレイで確認できますし、緊急かどうかも番号によってわかるはず。最低のマナーを守らないと、便利なツールであるのに職場でも「利用禁止」なんてことにもなりかねません。

ルール

100 会議の時は上司より先に行って待とう

「じゃあ、会議始めるか。あれ、またA君いないね。どうしたんだろう?」

「課長、たぶんトイレに行ってると思います。」

「えっ、また! 彼はいつも会議に遅れてくるなあ……」

「ああ、すみません……。でも間に合ってよかった……」

「こら、間に合ってなんかないよ! もう10分も過ぎてる! 君はいつも遅れてくるなあ。気がたるんでるんじゃないか! 毎回会議に上司や先輩より遅れてきて平気なのか?!」

「すみません、以前早く来た時、なかなか会議が始まらなかったので……」

「あの時は大事な顧客から緊急電話が入ったからじゃないか! そもそも新人なんだから、誰よりも先に来て待ってるくらいじゃないとダメじゃないか! 毎回待たせるなんて、皆に失礼だろう!」

これは実際にあった話でよくあること。

不思議なことに一つの会議に遅れてくる人は、どの会議にも遅れてきます。気が緩んでいるのか、「会議自体長いので多少遅れても大目に見てもらえるのでは」という甘えがあるからか、とにかく周りの評価はガタ落ち。いずれにしても会議で遅れてくるということは大罪です。その分他の仕事ができたであろう全参加者の大事な時間を奪うので。**特に就業時間中は、自分のみならず他人の時間も1分1秒たりとも無駄にしてはいけません。**

たとえば会議参加者が10人とします。各人の給料から逆算して、参加者の平均時給は3000円であれば、1分当たり50円です。もし1人が10分遅れてきたら、50円×10分×10人＝5000円。ですので5000円の損失になります。年間約50回会議があり、参加者の誰かが10分送れてきた場合、5000円×50回＝25万円。従って1年でその部署だけで25万円の損になります。もしその会社に100部署があり、同じようなことをやっていたら、年間2500万円の損失を出すことになります。

これが、私が勤めていたコンサルティング会社や弁護士事務所等のように時間1人当り3万円～10万円チャージするプロフェッショナルが参加していたら、最低その10倍、つまり年間2億5000万円のコストになるのです。恐ろしいとは思いませんか。

ルール

101 アフターコロナの働き方

突然新型コロナウイルスが発生し、パンデミックに陥りました。世界中で5億人が感染し、死者が1億人以上と公表されたスペイン風邪を含め、歴史的には危機的なパンデミックは何度も起きています。正に「歴史は繰り返す」ですね。

私の知人は、このパンデミックが起きることを10年以上も前に予測していました。当時関東を中心にレストランを多店舗展開していた私に何度も忠告してくれました。

「浜口さん、いずれウイルスが世界中で流行しパンデミックになり、日本を含めた各国政府による都市封鎖や緊急事態宣言等の発令で店舗経営が成り立たなくなるので、早々に外食事業から撤退したほうがいいですよ」と。

当時の私は信じられませんでした。これぞ「平和ボケ」。別の理由で外食事業から撤退し、縁あって美容・健康・教育事業の経営を引き継ぐことになり、助かった次第です。

色々な事業を日本でも行う一方、20年間米国で働いていた私は、日本社会での働き方に疑問を持っていました。超満員電車で都心にある事務所に、皆が同じ時間帯で毎日出退勤する。毎晩のように飲みに行って帰宅は深夜。狭い日本だからでしょうが、米国含め先進国と比較すると、その生産性・費用対効果・時間対効果の悪さにビックリ。

コロナによってテレワーク、フレックスタイム制等、本来あるべき多種多様な働き方への改革が一気に進みました。正に「不幸中の幸い」ですね。

経営者にお会いすると、私が長年経営コンサルタントをしていたこともあり、必ずアフターコロナでの適切な働き方について質問されます。私の回答はシンプル。**「変化するお客様ニーズに合わせた働き方をする」**です。つまり**お客様は進化した技術や環境に合わせて、生活や働き方が変わりますので、その変化に対応するため、商品・サービスを提供する企業側も、そこで働く従業員も働き方において進化しなければならない**ということ。

ですので「顧客の環境・考え方の変化による新たな問題解決」と従業員がその問題解決をしながら幸せに働けるよう改革すること、即ち働き方に対する「従業員満足度向上」がポイント。鍵は「多様性」。アフターコロナで生き残るためには、それまで以上に顧客目線で商品・サービスを開発・進化させるための働き方にしなければならないでしょう。

ルール

102 オンライン会議でのマナー

オンライン会議は、パソコンだけでなくタブレット端末やスマートフォンでも参加できるため、どこにいても会議ができ便利ですが、「映ればいい、聞こえればいい」とあまりに無頓着な人が多いように思います。次なるポイントに配慮したいものです。

【カメラの角度・距離】 参加者が一番見やすい角度や距離を事前に確認しましょう。近過ぎず、遠過ぎずです。

【身だしなみ】 特に目立つのが髭、寝癖、化粧。自分が清潔かつ綺麗に映っているか、事前に鏡等で確認したいものです。

【服装】 スーツを着る必要はないですが、ラフ過ぎてだらしなく見られないよう気を付けましょう。

【姿勢】 本人は気づかないのですが、姿勢が悪いとやる気がないようにも見えます。逆に背筋を伸ばしていると気合が入った仕事モードが伝わり、好印象間違いなし。

【背景】 背景でどれだけオンライン会議を重視しているかがわかります。散らかっていたり、壁以外を背景にしたりすると、参加者が気になり集中できないこともあります。

【視線】 カメラだからといって顔を見ないで話していると、「避けている」「誤魔化している」「気が乗っていない」等ネガティブな印象を与えます。特に上司やお客様は対面よりよく見ていることを肝に銘じましょう。

【照明】 カメラを通すと通常よりも暗く映ります。部屋を明るくするか、照明器具を用意してみましょう。特に顔色が悪い、また顔が暗いと体調が悪そうに見えます。

【話し方】 オンライン会議ではとにかく言葉が聞き取りにくいです。意識してゆっくり、滑舌良くはっきり、大きな声で話しましょう。

【聞き方】 話し手は、聞き手の反応がなければ、まるで壁に向かって話しているようで、とても話し辛いです。画面ではアクションが小さいと見えませんので、オーバーなくらい大きめのジェスチャーで相槌を表現しましょう。

【ミュート機能】 わかっているのについつい忘れがちなのがミュート機能。自分が発言している時以外は、雑音が入るので必ずオフにしましょう。

ルール

103

テレワークで成果を出す方法

テレワークで成果を上げるため、左記4つの「自己管理方法」の実践をお勧めします。

①仕事モードを維持する

定時の出退社や通勤時間がなくなり、朝寝坊や夜更かしをすると生活のリズムが狂います。出勤する場合と同じ時間帯で働き、仕事モードを維持します。仕事がしやすい服に着替え、女性は多少メイクをする等で仕事スイッチを入れます。朝風呂、散歩・ジョギング、体操・筋トレ等、また食事も時々外（店・公園等）で取る等、工夫して運動・気分転換をします。

②仕事環境を整備する

仕事がしやすい機器や家具等を揃えます。家族がいて気が散る人は、自分に合った耳栓や簡易的なパーティションの導入を。オンライン会議には、ノイズキャンセリング機能付ヘッドセット、家具は高さ調整可能なスタンドやアームスタンドも。これらはパソコンの画面を自分の目線の高さに調整でき、肩や首への負担を軽減します。

③ITツールをフル活用し業務の効率化を図る

【グループウェア】メールやスケジュール、仕事に必要な資料やワークフロー等日々の業務で必要なものをオンライン上で共有でき、フォルダ分けできるのでナレッジ共有・蓄積をする際に便利。【ビジネスチャット】短い会話にはビジネスチャットがお勧め。個人間またグループ作成も可能。部署・課毎更に取引先や案件毎等用途に応じてグループを作成し、やりとりできます。チャットによってはタスク機能があり、何をいつまでに誰が行うかも設定できます。【オンライン会議システム】周りの様子を見せたくない場合、オンライン会議システムではバーチャル背景が設定できるため、どこでも会議ができます。

④定期的なコミュニケーションの機会を設ける

テレワークでコミュニケーションの機会は減ります。定期的な打ち合わせや朝礼等を設けることで社員同士が話せる環境作りをし、業務連絡のみならず、仕事の疑問・課題点を洗い出しできる仕組みを作ります。大人数の場では話しにくいことも共有しやすいよう、安心して仕事に取り組めるテレワーク文化を作りましょう。

ルール

104 デジタルトランスフォーメーション（DX）による仕事改革

IT専門調査会社インターナショナルデーターコーポレイションジャパン株式会社は、デジタルトランスフォーメーション（DX）を定義しています。

「企業が外部エコシステム（顧客、市場）の破壊的な変化に対応しつつ、内部エコシステム（組織、文化、従業員）の変革を牽引しながら、第3のプラットフォーム（クラウド、モビリティ、ビッグデータ／アナリティクス、ソーシャル技術）を利用して、新しい製品やサービス、新しいビジネスモデルを通して、ネットとリアルの両面での顧客エクスペリエンス（経験、体験）の変革を図ることで価値を創出し、競争上の優位性を確立すること」。

また、経済産業省の「DX推進ガイドライン」でのDX定義は次の通り。

「企業がビジネス環境の激しい変化に対応し、データとデジタル技術を活用して、顧客や社会のニーズを基に、製品やサービス、ビジネスモデルを変革するとともに、業務そのものや、組織、プロセス、企業文化・風土を変革し、競争上の優位性を確立すること」。技術・システム、特にＩＴ革命が進み、ビジネス環境及び働き方が激変していっています。そんなスピーディーに進化する世の中で、これから仕事や事業において求められる能力は、今までの経験・知識・ネットワーク・ノウハウ等、即ち「過去の産物」で培ったものではありません。**刻々と変わっていく今の環境を随時把握しつつ、未来での進化を予測する先見性**と、**その進化に対応するための知恵と行動力**です。その能力をつけないと、世の中、特に取引先や顧客の進化についていけず、自然淘汰・消滅し、生き残れません。

　これからは、上司や先輩から学ぶ以上に、社内外、特に世界から得られる技術・知識・ネットワーク・ノウハウ・システム等ありとあらゆる情報を自ら把握し学び習得していくプロフェッショナルマインドの人しか、仕事・事業において出世・成功できないでしょう。それだけビジネス環境・市場・職場も激変していっている現実を受け止めなければならない時代です。しかし、この変化・進化のスピードは、どんどん速くなっていますので、このプロフェッショナルマインドの能力もどんどん磨きをかけていくことが必要になっていきます。

　この現実を受け止め、ＤＸによる仕事改革を進められるよう日々挑戦して参りましょう。

ルール

105

出世に必須な先見性の養い方

私は、出世、即ち仕事や事業を成功させるため今最も必要な能力の一つは「先見性」だと思っています。なぜなら、どんなに能力・才能・経験・知識・お金・知名度・人脈があっても、先見性がなければ、将来への間違った方向（先）にそれらを使い努力してしまうため、無駄になり、いずれ手遅れで破綻してしまうから。

ビジネスの世界を見て下さい。とてもわかりやすい。GAFA（Google）、アップル（Apple）、フェイスブック（Facebook）、アマゾン（Amazon）やネットフリックス（Netflix）、テスラ（Tesla）、富士フイルム、ファーストリテイリング（ユニクロ）、ニトリ、ワークマンの各社が並み居る競合他社に打ち勝ち続け成功したのか。理由は色々挙げられるでしょうが、最も重要な理由の一つに、先見性があったからだと私は判断しています。特に「両利きの経営」を行ったから。

ちなみに両利きの経営とは、「まるで右手と左手が上手に使える人のように、『知の探索』(自社の既存の認知を超えて、遠くに認知を広げていこうとする行為)と『知の深化』(自社のもつ一定分野の知を継続して深掘りし、磨き込んでいく行為)について高い次元でバランスを取る経営」のこと。

それではどのようにその先見性を養えばいいのでしょう。私は少なくとも次の5つが効果的だと判断し日々挑戦しています。

①先見性があったことから成功した人や組織を徹底的に学び、自ら応用してみる

②ネット・書籍・セミナー・講演会・研修等ありとあらゆる手段を通して、今起こっていること(特にイノベーション)を把握し、将来起こり得ることを予測する

③今または将来、顧客が困りストレスになること、解決して欲しい問題を徹底的に把握し、解決策・方法を見つけ実行してみる

④定期的にチームや組織で仕事や事業で進化・成功するためにこれから必要なことの情報・意見交換や議論をする

⑤IT技術を使い仕組化・組織化することで、自動的・安定的・継続的に成果が出るアイディア・方法を考え、試行錯誤してみる

ルール

106 SNS活用度で結果が大きく変わる

SNS（ソーシャルネットワークキングサービス）とは、「個人間のコミュニケーションを促進し、社会的なネットワークの構築を支援する、インターネットを利用したサービス」（デジタル大辞泉）」。趣味、職業、居住地域等を同じくする個人同士のコミュニティーを容易に構築できる場を提供します。フェイスブック（Facebook）、ツイッター（Twitter）、ライン（LINE）、インスタグラム（Instagram）等のアプリが人気です。

職種・部署・担当にかかわらず、SNSの活用方法・効果を理解することは生産性を上げ、大きな結果を出すために今や必須。SNSで主に次の3つの効果が得られます。

①認知拡大効果

SNSの最大効果は認知拡大で、ユーザーに商品やサービスを知ってもらう貴重な場。

②ブランディング（関心醸成）効果

「ブランディング」とは商品・サービスに対するユーザーのマインドシェアを醸成すること。発信する情報がユーザーに好ましければ、ブランドに対するマインドシェア（消費者心理の重要度）が高まり、購買につながります。

③コンバージョン（顧客への誘導）効果

コンバージョンとは販売・来店・問い合わせ等、商品・サービスに対するユーザーの直接的な購買行動を創り出すこと。企業や個人が十分認知拡大やブランディングができている、或いは十分な認知・関心をユーザーが持っている場合。

結果が大きく変わるSNS活用法として**トリプルメディア**があります。その戦略が「トリプルメディア戦略」で、Webメディアを次の3種類に分類し、活用する手法です。

(1)オウンドメディア（Owned Media）企業や個人が所有し、Webサイトや、所有する様々なコンテンツを格納・配信するメディア。(2)アーンドメディア（Earned Media）注目を集め、認知を獲得するためのメディアで、特に第三者による評判・話題・噂・取材記事等や報道・レビュー・紹介・口コミ。(3)ペイドメディア（Paid Media）お金で購入した配信枠を利用したメディアで広告のこと。

SNSを理解・活用することで仕事でも明確な結果を出していきましょう。

ルール 107
ITリテラシーを高めなければ生き残れない

厚生労働省は、「基礎的ITリテラシー」を次のように定義しています。

「現在入手・利用可能なITを使いこなして、企業・業務の生産性向上やビジネスチャンスの創出・拡大に結び付けるのに必要な土台となる能力のこと。いわゆるIT企業で働く者だけでなく、ITを活用する企業（ITのユーザー企業）で働く者を含め、すべてのビジネスパーソンが今後標準的に装備することを期待されるもの」

ITリテラシーが低いと次のような5つの問題が生じ、会社では生き残れなくなります。

【生産性低下】パソコンが適切に使用できず、手作業での長時間労働による生産性の低さから、会社にとってお荷物社員となる。

【コミュニケーションロス】SNS、チャット、オンライン会議等、ITツールによるコミュニケーションでロスが生じ、社内の連携がスムーズにいかなくなる。

【働き方改革推進の邪魔】テレワークに必要なＩＴツールや仕組みを活用できず、組織から落ちこぼれる。

【セキュリティインシデントの発生】情報の重要性の確認、信ぴょう性の検証スキル、また情報の重要性の認識と慎重な取り扱いは「セキュリティインシデント」（コンピューターやその利用者に被害をもたらすことを目的とした、悪意のあるソフトウェア「マルウェア」の感染や不正アクセス或いは機密情報流出等、セキュリティ上の脅威となる事象）の予防には欠かせないのに対応できない。

【情報漏洩の発生】ＵＢＳメモリー等の記憶媒体の紛失やメールの誤送信による情報漏洩や、フィッシング等によるネットワークセキュリティの隙を突かれた企業ネットワークへの侵入による情報詐取、改ざんもリテラシーの低さが招く害。

このように、ＩＴリテラシーが低ければ戦力外社員となり、会社にいられなくなるか、昇進昇給は望めなくなってしまうでしょう。

ルール

108

デジタル社会だからこそメール・SNSと対話の使い分けを

Aさんは現場（店舗勤務）で常に売上トップの販売員。時々携帯メールでやりとりしている同期入社のBさん（本社勤務）は月初にAさんからメールを受け取りました。

「Bさん、相談したいことがあるんだけど早々に会えない？」

「Aさん、悪いけど会いに行く時間がないのでメールで教えてくれる？」

「ほんのちょっとの時間でいいので会えない？」

「ごめん、今月はスケジュールがいっぱいだからメールで教えて」

「了解。ただどうしても会って話したかった……」

そのメールを最後にAさんからは連絡が途絶えました。AさんはBさんにそれまで一度も会いたいと言ってきたことはありませんでした。結局その1週間後、Aさんは会社に退職願いを提出。それを知ったBさんは青ざめ、何をさておき飛んでAさんに会いに行きました。が、Ａさんの意思は変わりません。「時既に遅し」です。

社会でのデジタル化が急速に進む中、コミュニケーションもメールやＳＮＳ等のデジタルツールで済ませることが多くなってきています。確かにメール・ＳＮＳは会ったり電話したりしないので、相手の特定の時間を奪うことなく、送っておけば相手の都合のいい時間に読んでもらえるというメリットはあります。業務連絡やお知らせ等事務的な内容であれば、効率的で利用価値は十分にあるでしょう。

しかし、文字による一方的なメッセージですので、実際に会ってインタークティヴなコミュニケーション、即ち対話をすることで本意や悩みを把握するのとは違い、理解・確認不足、更に誤解から相手に不信感・不安・ストレスを与えることは多々あります。

従って**人間関係やセンシティブな内容に関するやりとり、また重要なことは会って対話すべき**でしょう。でなければ相互理解というコミュニケーションの本来の目的は達成できません。

メールやＳＮＳを利用できる状況は限られていることを肝に銘じましょう。

ルール

109

SDGsとESGを意識した仕事術を

外務省は、国連が推進している「持続可能な開発目標（SDGs：Sustainable Development Goals）」に関して次のように説明しています。

「2015年9月の国連サミットで採択された2030年までに持続可能でよりよい世界を目指す国際目標。17ゴール・169ターゲットから構成され，地球上の「誰一人取り残さない」ことを誓っています。SDGsは発展途上国のみならず，先進国自身が取り組むユニバーサルなものであり，日本としても積極的に取り組んでいます」

また、SDGsと共にESGは世界的に注目を集めています。ESGとは、環境（Environment）、社会（Social）、ガバナンス（Governance）の頭文字による造語。この3つの観点から企業を分析し投資する「ESG投資」が重視されています。SDGsとESGは、ビジネスパーソンが知っておくべきこと。SDGsとESGへの取り組みは企業の持続的な成長のみならず、私達が長く生きていく上で欠かせないので。

また、２０１７年の世界経済フォーラム（ダボス会議）では、ＳＤＧｓに取り組めば12兆円の経済効果があり、ＥＳＧの取り組みがない企業は大きなリスクを抱え、長期的に成長が難しくなるとのこと。

企業がＳＤＧｓやＥＳＧに取り組めば、少なくとも次なる3つのメリットがあります。

【ブランディング】ＳＤＧｓに取り組む企業は社会に対して責任を果たしていると認識され、企業イメージが上がり，企業ブランディングとして大変効果的。

【リスクの機会と把握】ＳＤＧｓに考慮しない経営を続ければ、サプライチェーンから外されるリスクがある。たとえばCO_2排出量の削減を目指している場合、製品を納めている企業が製造過程でCO_2排出量が大量にあれば、当該企業からの調達は見直される。

【資金調達が有利】近年ＥＳＧ投資が重視され、企業が環境や社会に配慮すれば投資家から評価され、資金調達が容易になる。

従って企業活動において、**ＳＤＧｓとＥＳＧを意識して働くこと**が今求められています。

ルール

110

5分刻みで仕事する習慣を

「全然時間がないから、仕事がまったく進まない！」

職場でよく聞く言葉です。本当にそうでしょうか。そう思う人には、バイオリニストの廣津留《ひろつる》すみれさんの勉強・仕事術を試すことをお勧めします。

彼女は3歳でバイオリンを始め、4歳で英検3級に合格し、大分県立大分上野丘高校在学中にニューヨークのカーネギーホールでソロデビューしました。同校2年生の終わりに留学経験もないのに突然米国ハーバード大学に受験を決意。見事に合格し、バイオリンと学業を両立させながら学士課程を主席で卒業後、音楽の世界的名門校、ジュリアード音楽院（修士課程）を修了し、演奏活動の傍ら2018年にニューヨークで音楽コンサルティング会社を起業しています。

廣津留さんのタイムマネジメント術は実にシンプル。まず**「To Doリスト」を作り、**

やることを5分刻みで決め実行する。忙しくても5分あれば一勉強・仕事します。

凡人は「忙しい、忙しい」と言ってついつい5分という時間を無駄にします。たった5分なので、何もできないと思い込んでいるから。

しかし、**1日のうちでちょっとあいた5分は結構あるもの。**私の場合、1日で使える5分は、少なくとも10数回以上、即ち1時間以上はあります。従って1週間で7時間、1カ月で30時間、年間365時間以上は使えることに。5分間ですので、かなり集中でき、365時間集中して行えば、大きな成果を出せるでしょう。

正に「たかが5分、されど5分」ですね！

私も複数の事業経営で毎日時間との戦いをしていますが、1日のうち5分間があくことは頻繁ですので、その5分間を使って色々な仕事をこなします。この本の執筆もそう。なかなか本を書くためのまとまった時間はとれませんので。「塵も積もれば山となる」で、1日の中の何度か取れる5分間を使えば、このように1冊の本も一定期間で完成させられます。その結果、事業経営を続けながら100冊以上の本を自ら執筆してきました。

あとがき

「何で自分はこんなに運が悪いのだろう……」

こんな嘆きの声をよく聞きます。果たしてそうでしょうか。よ～く、考えてみて下さい。戦争下の国で生まれていたら、既に爆弾で殺されていたかも。また生きていても、手足をもぎ取られ、息を吸うのがやっとかも知れません。学校に行くどころか、まともな食べ物すら得られず、毎日生きていくのがやっとになることでしょう。

私達は、どんなに家庭が貧しくても、どんなに自分に能力がなくても、人生において様々な選択肢があり、努力次第でのし上がっていける可能性があります。貧困国、戦争下の国ではほとんどの人々は、その可能性がゼロです。しかし、私たちは努力次第で色々な道が開けるのです。

あなたが夢を描いた場合、叶う可能性はゼロではないはずです。本書で、エイブラハム・リンカーンは7回以上も選挙に落ちましたが、最後まで諦めなかったので大統領になれたことを紹介しました。また、カーネル・サンダースも何度も事業に失敗しましたが、諦めませんでした。そして背水の陣で65歳の時に、フライド・チキン屋さんを始めた。その事業は、世界初のフランチャイズビジネスかつ世界最大級のファストフード・レストランとなった「ケンタッキーフライドチキン」（KFC）の始まりです。もし彼が「自分には運がなさそうだから」と判断して、途中で事業を諦めていたら、世界的起業家、「ファストフードの神様」としてのサンダースは存在しなかったのです。

若い時は、ほとんどが、経験・知識・ノウハウ・信用・人脈等の仕事をする上で助けになるものはありません。しかしやる気・素直さ・体力・愚直さ・融通性・謙虚さ等の優れたものを持っています。実は仕事で評価されるためには、それらがあれば十分。ただ必要なのは、社会や会社組織であたりまえとされるルールを早く知り実践すること。この本はそのために書きました。

少しでも多くの読者が、そのあたりまえの仕事のルールを認識し、どんどん実行して頂けたら、著者としてこれ以上の喜びはありません。

2021年9月

浜口直太

[著者]
浜口直太（はまぐち・なおた）
株式会社ピー・エス・インターナショナル（美容・健康・教育事業会社：https://www.ps-intl.co.jp）代表取締役会長兼CEO。

創価高校、創価大学経営学部、テキサス大学経営大学院卒業。同大学院博士課程、ペンシルベニア大学経営大学院（ウォートン・スクール）博士課程で財務論、国際経営学を専攻。テキサス大学大学院で7年間、主に会計学、税務論、財務論を教える。

米KPMGピート・マーウィック、米プライスウォーターハウスクーパース（PwC）を経て、株式会社JCI（経営コンサルティング会社）を設立し、代表取締役に就任。日米アジアで1300億円以上の資金調達並びに54社の国内外での上場及びM&Aを支援。

100冊以上の本を執筆し、累計発行部数は300万部を突破。

・ブックデザイン　山之口正和＋沢田幸平（OKIKATA）
・校正　共同制作社

〈決定版〉あたりまえだけどなかなかできない仕事のルール

2021年　9月　22日　初版発行

著　者　浜口直太
発行者　石野栄一
発行所　明日香出版社
〒112-0005　東京都文京区水道2-11-5
電話　03-5395-7650（代表）
https://www.asuka-g.co.jp

印　刷　株式会社文昇堂
製　本　根本製本株式会社

　ISBN 978-4-7569-2170-3

ISBN　978-4-7569-1876-5

「すぐやる人」と「やれない人」の習慣

塚本　亮著

B6並製　240ページ
本体価格　1,400円＋税

行動に移せないのは「心と考え方の問題」。著者が落ちこぼれから名門大学に入学できたのは、「自分を動かす仕組み」を作っていたから。

著者の経験をもとに、対比構造で、「すぐやる人」が持っている習慣を紹介します。

ISBN 978-4-7569-1249-7

残業ゼロ！仕事が3倍速くなる ダンドリ仕事術

吉山　勇樹著

B6並製　184ページ
本体価格　1,400円＋税

ダンドリよく仕事をしていくための考え方と、著者自身が実践している、噛み砕いたTIPSが満載。

机の上が片付かない、仕事がスマートに進められない若手ビジネスパーソンも、この本を読んで今すぐ始められるダンドリ仕事術です。

ISBN　978-4-7569-2159-8

説明の一流、二流、三流

桐生　稔著

B6並製　216ページ
本体価格　1,500円＋税

きちんと伝わらない、プレゼンがうまくいかない、論理的に話せない、といった悩みを解決する方法をまとめています。一つの項目を「ダメレベル」「普通レベル」「優秀なレベル」の3つの段階で解説しているので、自分の説明のレベルがわかり、良い例を取り入れやすくなっています。

ISBN 978-4-7569-2141-3

文章の鬼100則

川上　徹也著

B6並製　248ページ
本体価格　1,500円＋税

プレゼンに勝つ。企画書を通す。メールで依頼する。POPで商品を売る。プレスリリースで記事にしてもらう。

コピーライターとして数多くの文章を手掛ける著者が、相手の心に働きかけ、ビジネスで結果を出す文章の書き方を伝授します。